Langenscheidt Verbtabellen

Französisch

Von Sophie Vieillard

Langenscheidt

München · Wien

Impressum

Herausgegeben von der Langenscheidt-Redaktion
Lektorat: Manuela Beisswenger
Layout: Ute Weber
Umschlaggestaltung: KW 43 BRANDDESIGN

Laden Sie sich auf www.langenscheidt.de/verbtabellen mit dem Code vf955 kostenlos die E-Book-Ausgabe und Ihren Konjugationstrainer herunter.

Systemvoraussetzungen:
Windows XP/Vista/7/8, WSVGA-Grafikkarte, Soundkarte, Mikrofon/Lautsprecher, Internetbrowser (IE, Firefox)

www.langenscheidt.de

© 2013 by Langenscheidt KG, Berlin und München
Satz: kaltner verlagsmedien GmbH, Bobingen
Druck und Bindung: Stürtz GmbH, Würzburg

ISBN 978-3-468-34155-7

Benutzerhinweise

Mit den besonders übersichtlichen und benutzerfreundlichen Langenscheidt Verbtabellen Französisch bekommen Sie einen guten Überblick über die wichtigsten Verben, ihre Grammatik und die unterschiedlichen Konjugationsmuster. Mit dem Konjugationstrainer zum Downloaden (Zugangscode im Impressum auf S. 2) können Sie die Verbformen in den verschiedenen Zeiten und Modi trainieren und so in Ihrem Langzeitgedächtnis verankern.

Konjugationstrainer

Der Konjugationstrainer bietet Ihnen vielfältige Übungsmöglichkeiten, damit Sie sich die Konjugationen der wichtigsten französischen Verben noch besser und schneller einprägen können. Bei sechs verschiedenen Trainingsarten ist für jeden etwas dabei: Sie können die Verbformen entspannt beim Superlearning verinnerlichen, Multiple-Choice-Aufgaben lösen oder sich vom Konjugationstrainer abfragen lassen. Ihr persönlicher Tutor wertet Ihre Erfolge aus und stellt Ihnen ein optimales Programm zusammen. Sie können das Ganze auch spielerisch angehen und die Verbformen mithilfe eines Kreuzworträtsels einüben. Und sollten Sie die Zeit nutzen wollen, die Sie im Zug oder Wartezimmer verbringen, drucken Sie sich einfach Ihre eigenen Karten mit Konjugationen aus.

Konjugationstabellen im Buch

Im Buch werden Ihnen auf 70 Doppelseiten die wichtigsten französischen

Verben und ihre Konjugationsmuster vorgestellt. Auf der linken Seite finden Sie das jeweilige Verb in allen relevanten Zeiten und Modi. (1) Hier wird die jeweilige Konjugationsgruppe angezeigt. (2) Über die Konjugationsnummer werden Verben (auch diejenigen im Anhang) einem speziellen Konjugationsmuster zugeordnet. (3) Gelegentlich finden Sie hier eine Kurzbeschreibung der wichtigsten Merkmale eines Verbs. (4) Auf den Musterkonjugationsseiten (z. B. zum Passiv) sind die typischen Formen bzw. Endungen in Schwarz fett hervorgehoben. Ausnahmen werden auf den später folgenden Seiten stets blau hervorgehoben. Abweichende Schreibweisen werden durch fett gesetzte blaue Buchstaben betont. (5) Auch bei den mit être konjugierten Verben werden nur die maskulinen Formen des Partizips angegeben.

Benutzerhinweise

Infoseiten
Auf der rechten Seite finden Sie zusätzliche Informationen wie Anwendungsbeispiele ⑥ und feste Redewendungen ⑦. Alternativ stehen hier manchmal auch Sprichwörter oder Witze. Ferner treffen Sie in der Rubrik Ähnliche bzw. Andere Verben ⑧ auf Synonyme und/oder Ableitungen bzw. auf Antonyme. Unter der Rubrik Gebrauch ⑨ finden Sie besondere Hinweise darauf, wie das Verb verwendet wird. Alternativ zeigen wir Ihnen unter der Rubrik Aufgepasst! Besonderheiten und Stolpersteine auf. Gelegentlich finden Sie die Rubrik Tipps & Tricks ⑩, die auf Verben mit dem gleichen Konjugationsmuster oder andere praktische Hilfestellungen verweist.

Tipps & Tricks
Damit Ihnen der Einstieg in die verschiedenen Konjugationsmuster der französischen Verben leichterfällt, verraten wir Ihnen vorab in einem Extra-Teil ein paar Tipps & Tricks zum Konjugationstraining.

Grammatik rund ums Verb
In der Grammatik rund ums Verb werden in Kurzfassung alle relevanten Grammatikthemen behandelt, die Sie beherrschen sollten, um die französischen Verben richtig verwenden und konjugieren zu können.

Symbole
Folgende Symbole werden Ihnen in der Grammatik rund ums Verb begegnen:
Unter 🛈 erhalten Sie Informationen zu den speziellen Spracheigenheiten des Französischen sowie zum landestypischen Sprachgebrauch.
Unter ☼ finden Sie einen Merksatz, den Sie sich gut einprägen sollten.
🗨 Hier wird der Sprachgebrauch im gesprochenen dem geschriebenen Französischen gegenübergestellt.
⚡ weist Sie auf Stolpersteine hin, damit Sie diese möglichen Fehlerquellen vermeiden können. Hier handelt es sich zumeist um Unterschiede zwischen dem deutschen und dem französischen Sprachgebrauch.
🔔 signalisiert Ihnen, dass es sich hier um eine Ausnahme oder Sonderform handelt, die Sie sich besonders gut merken sollten.
Das Symbol ▷ verweist auf andere Stellen im Buch, die Sie sich bei dieser Gelegenheit ansehen sollten.

4

Benutzerhinweise

Niveaustufenangaben gemäß dem Europäischen Referenzrahmen

In der Grammatik rund ums Verb treffen Sie mitunter auch auf folgende Niveaustufenangaben: **A1**, **A2**, **B1**, **B2**. Diese verraten Ihnen, welche Grammatikthemen und welche Regeln für Ihr Lernniveau relevant sind. Die Niveaustufen beziehen sich nicht nur auf das jeweilige Grammatikkapitel, sondern auch auf das in den Beispielsätzen verwendete Vokabular. So wissen Sie auch genau, dass Ihnen dieser Wortschatz bekannt sein sollte.

In der Praxis heißt das: Ist ein Grammatikkapitel beispielsweise der Niveaustufe **A1** zugeordnet, so sind alle verwendeten Vokabeln A1, es sei denn, sie sind mit einer anderen Niveaustufe, z. B. **A2** (direkt vor dem jeweiligen Wort oder Satz), versehen. Alle in diesem Kapitel enthaltenen Grammatikregeln sollten Sie dann beherrschen, es sei denn, eine Niveaustufenangabe am Rand weist Sie darauf hin, dass diese Regel für ein höheres Niveau, z. B. **B1**, bestimmt ist.

Hier eine kurze Erläuterung, welche Kenntnisse auf die einzelnen Niveaustufen des Europäischen Referenzrahmens zutreffen:

A1/A2: *Elementare Sprachverwendung,* d. h.

A1 : Sie können einzelne Wörter und ganz einfache Sätze verstehen und formulieren.

A2 : Sie können die Gesprächssituationen des Alltags bewältigen und kurze Texte verstehen oder selbst verfassen.

B1/B2: *Selbstständige Sprachverwendung,* d. h.

B1 : Sie können sich in den Bereichen Alltag, Reise und Beruf schriftlich und mündlich gut verständigen.

B2 : Sie verfügen aktiv über ein großes Repertoire an grammatikalischen Strukturen und Redewendungen und können im Gespräch mit Muttersprachlern bereits stilistische Nuancen erfassen.

C1/C2: *Kompetente Sprachverwendung,* d. h.

C1 : Sie können sich spontan und fließend zu verschiedenen, auch komplexen oder fachspezifischen Sachverhalten äußern und sich schriftlich wie mündlich an die stilistischen Erfordernisse anpassen.

C2 : Sie können mühelos jeder Kommunikationsform in der Fremdsprache folgen und sich daran beteiligen. Dabei verfügen Sie über ein umfassendes Repertoire an Grammatik und Wortschatz und beherrschen verschiedene Stilebenen.

Verben mit Präposition und Alphabetische Verblisten

Am Ende des Buches finden Sie eine Auflistung einiger französischer Verben, die mit verschiedenen Präpositionen verwendet werden können. Die Alphabetischen Verblisten ermöglichen Ihnen ein schnelles Nachschlagen der Verben sowie eine leichte Zuordnung von über 1000 Verben zu den verschiedenen Konjugationsmustern.

5

Inhaltsverzeichnis

Benutzerhinweise – Indications pour l'utilisateur.................................... 3
Abkürzungen – Abréviations 7
Tipps & Tricks zum Konjugationstraining –
Quelques tuyaux pour s'entraîner en conjugaison 8
Terminologie – Terminologie 14

Grammatik rund ums Verb – Grammaire

1 Das Verb – Le verbe **15**
   1.1 Die Konjugationsgruppen – Les groupes de verbes.................... 15
   1.2 Die Verben avoir und être – Les verbes avoir et être.................. 15
   1.3 Das reflexive Verb – Le verbe pronominal 16
   1.4 Das unpersönliche Verb – Le verbe impersonnel........................ 17

2 Der Indikativ – L'indicatif.. **17**
   2.1 Das Präsens – Le présent 17
   2.2 Die Vergangenheit – Le passé 19
   2.2.1 Das Imparfait – L'imparfait 19
   2.2.2 Das Passé composé – Le passé composé 20
   2.2.3 Das Plus-que-parfait – Le plus-que-parfait 21
   2.2.4 Das Passé simple – Le passé simple 22
   2.2.5 Das Passé récent – Le passé récent 23
   2.2.6 Das Passé antérieur – Le passé antérieur 23
   2.3 Das Futur – Le futur 24
   2.3.1 Das Futur simple – Le futur simple 24
   2.3.2 Das Futur composé – Le futur composé 25
   2.3.3 Das Futur antérieur – Le futur antérieur 26
   2.4 Der Konditional – Le conditionnel 26
   2.4.1 Der Konditional I – Le conditionnel présent 26
   2.4.2 Der Konditional II – Le conditionnel passé 27

3 Der Subjonctif – Le subjonctif **28**
   3.1 Der Subjonctif Präsens – Le subjonctif présent 29
   3.2 Der Subjonctif imparfait – Le subjonctif imparfait 29
   3.3 Der Subjonctif der Vergangenheit – Le subjonctif passé 30
   3.4 Der Subjonctif plus-que-parfait – Le subjonctif plus-que-parfait........ 31

4 Der Imperativ – L'impératif **31**

5 Der Infinitiv – L'infinitiv **32**

6	**Das Partizip – Le participe**	**33**
6.1	Das Partizip Perfekt – Le participe passé	33
6.2	Das Partizip Präsens – Le participe présent	34

7	**Das Gerund – Le gérondif**	**35**
8	**Das Passiv – La voix passive**	**35**

Konjugationstabellen und Infoseiten – Tableaux de conjugaisons et informations

Musterkonjugation ① Hilfsverb avoir – L'auxiliaire avoir	36
Musterkonjugation ② Hilfsverb être – L'auxiliaire être	38
Musterkonjugation ③ Reflexives Verb – Le verbe pronominal	40
Musterkonjugation ④ Passiv – La voix passive	42
Musterkonjugation ⑤ 1. Gruppe auf -er – 1er groupe avec -er	44
Musterkonjugation ⑥ 2. Gruppe auf -ir – 2ième groupe avec -ir	46
Musterkonjugation ⑦ 3. Gruppe auf -ir – 3ième groupe avec -ir	48
Musterkonjugation ⑧ 3. Gruppe auf -re – 3ième groupe avec -re	50
Musterkonjugation ⑨ 3. Gruppe auf -oir – 3ième groupe avec -oir	52
Konjugationstabellen mit Infoseiten Konjugationsnummer ⑩ bis ⑦⓪ – Tableaux de conjugaisons et informations	54
Verben mit Präposition – Verbes avec prépositions	176
Alphabetische Verbliste Französisch – Deutsch – Liste alphabétique français – allemand	179
Alphabetische Verbliste Deutsch – Französisch – Liste alphabétique allemand – français	186

Abkürzungen

etc.	et cetera		*Pers.*	Person
etw.	etwas		*Pl.*	Plural
jd.	jemand		*qc.*	quelque chose
jdm.	jemandem		*qn.*	quelqu'un
jdn.	jemanden		*Sing.*	Singular
jds.	jemandes		*usw.*	und so weiter
m.	Maskulinum		*z. B.*	zum Beispiel
PP	Partizip Perfekt			

Quelques tuyaux

Tipps & Tricks zum Konjugationstraining

Um Verben richtig konjugieren zu können, muss man nicht zwingend stoisch ganze Verbkonjugationen, Zeitformen und Endungen auswendig lernen oder gar hundertmal das gleiche Konjugationsschema abschreiben. Nein, Verben konjugieren kann Spaß machen und auf unterhaltsame Weise erlernt werden. Um Ihnen den Umgang mit französischen Verben ganz leicht zu machen, verraten wir Ihnen hier einige praktische Tipps & Tricks zum Konjugationstraining.

Pioniergeist ist gefragt
Versuchen Sie, die Andersartigkeit der Fremdsprache und ihrer Konjugationsmuster nachzuvollziehen. Sehen Sie das Erlernen der verschiedenen Zeiten, Formen und Verben einer Fremdsprache als Chance, Ihren eigenen Erfahrungsschatz zu erweitern, als Einblick in Denkweisen, die Ihnen nicht vertraut sind, die für andere Menschen, die diese Sprache täglich sprechen, aber ganz selbstverständlich sind. Zeigen Sie Pioniergeist! Lassen Sie Ihrer Freude am sprachlich Neuen, Fremden und Andersartigen freien Lauf!

Das Gesetz der Regelmäßigkeit
Konjugationstraining ist wie Krafttraining fürs Gehirn. Wer nur einmal alle Jubeljahre trainiert, wird wohl kein Fitnessgenie. Es ist sinnvoller, regelmäßig ein wenig als unregelmäßig viel zu lernen. Setzen Sie einen bestimmten Zeitpunkt fest, zu dem Sie sich ungestört dem Konjugationstraining widmen können, z. B. täglich eine Viertelstunde vor dem Einschlafen oder drei Mal wöchentlich in der Mittagspause. Wie immer Sie sich entscheiden: Lernen Sie kontinuierlich, denn nur so lässt sich auch Ihr Langzeitgedächtnis trainieren.

Aufwärmen lohnt sich
Gelernten Stoff zu wiederholen ist wie leichtes Joggen: Laufen Sie sich warm mit Altbekanntem, bevor Sie sich an Neues wagen. Auch wenn Sie noch nicht alle Konjugationsmuster einer Sprache kennen und noch viel Neues vor sich haben, darf das bereits Erlernte nicht vernachlässigt werden. Wiederholen Sie auch Konjugationen, die Sie schon gut können, das macht Spaß und hält fit.

Das Salz in der Suppe
Versuchen Sie niemals, sich zu viele Konjugationsmuster auf einmal einzuprägen. Man verliert sonst schnell den Überblick und läuft Gefahr, sich etwas Falsches zu merken oder gar die verschiedenen Konjugationen durcheinanderzuwürfeln. Verbkonjugationen sind wie das Salz in der „Fremdsprachen-Suppe". Ebenso wie man eine Suppe versalzen kann, kann man sich das Erlernen einer Fremdsprache erschweren, indem man versucht, sich zu viele Konjugationsmuster auf einmal zu merken. Lernen Sie langsam, stetig und zielorientiert und verdauen Sie in kleinen Häppchen. Nur Geduld!

Eigenlob stinkt nicht immer
Schauen Sie auf das, was Sie bereits gelernt haben. Loben Sie sich für ge-

Tipps & Tricks

machte Fortschritte oder belohnen Sie sich für gute Leistungen. Lob motiviert und Motivation ist eine grundlegende Voraussetzung fürs Lernen.

Schluss mit dem Fachchinesisch
Wenn Sie etwas Neues lernen, kommen immer auch neue Fachbegriffe auf Sie zu, die Sie kennen sollten. Wählen Sie gezielt nach und nach einzelne Grammatikbegriffe aus (▷ Terminologie) und machen Sie sich mit ihrer Bedeutung vertraut. Sie werden sehen, dass es Ihnen im Laufe der Zeit leichterfallen wird, die unterschiedlichen Konjugationsmuster und Zeitformen einer Fremdsprache nachzuvollziehen, wenn für Sie die Fachterminologie nicht mehr Fachchinesisch ist.

Hemmungslos werden
Auch wenn die Beschäftigung mit Verbkonjugationen nicht zu Ihren bevorzugten Freizeitaktivitäten gehört, sollten Sie, um Abneigungen, Hemmungen oder Widerwillen abzubauen, die Konjugationsmuster mit anderen, alltäglichen Regeln vergleichen. Straßenverkehrsregeln, mathematische Grundregeln, Regeln von Sportarten etc. sind Ihnen heute völlig vertraut, mussten jedoch erst einmal von Ihnen gelernt werden. Auch die Regeln, die den Verbkonjugationen zugrunde liegen, werden Sie eines Tages verinnerlicht haben und, ohne darüber nachdenken zu müssen, intuitiv anwenden können.

Fehleranalyse gegen Fettnäpfchen
Haben Sie keine Angst vor Fehlern! Es ist nicht das Ziel des Lernens, keine Fehler zu machen, sondern gemachte Fehler zu bemerken. Nur wer einen Fehler im Nachhinein erkennt, kann ihn beim nächsten Mal vermeiden. Das Beherrschen der unterschiedlichen Konjugationsmuster einer Fremdsprache und das Verinnerlichen von Musterkonjugationen ist dabei durchaus hilfreich: zum einen, um einen Fehler nachvollziehen zu können, und zum anderen, um nicht ein zweites Mal in dasselbe Fettnäpfchen zu treten.

Haben Sie einen Typ?
Finden Sie heraus, welcher Lerntyp Sie sind. Behalten Sie eine Verbform schon im Gedächtnis, wenn Sie sie gehört haben (*Hörtyp*) oder müssen Sie sie gleichzeitig sehen (*Seh-/Lesetyp*) und dann aufschreiben (*Schreibtyp*)? Macht es Ihnen Spaß, verschiedenen Konjugationen und Zeitformen in kleinen Rollenspielen auszuprobieren (*Handlungstyp*)? Die meisten Menschen tendieren zum einen oder anderen Lerntyp. Reine Typen kommen nur sehr selten vor. Sie sollten daher sowohl Ihren Typ ermitteln als auch Ihre Lerngewohnheiten Ihren Vorlieben anpassen. Halten Sie also Augen und Ohren offen und lernen Sie ruhig mit Händen und Füßen, wenn Sie der Typ dafür sind.

Sag's mit einem Post-it
Auf Post-its wurden schon Heiratsanträge gemacht oder Beziehungen beendet. Also ist es kein Wunder, dass man damit auch Konjugieren lernen kann. Schreiben Sie sich einzelne Verbformen (idealerweise mit Beispielen, s. u.) sepa-

Tipps & Tricks

rat auf Blätter oder Post-its und hängen Sie sie dort hin, wo Sie sie täglich sehen können, z. B. ins Bad über den Spiegel, an den Computer, den Kühlschrank oder neben die Kaffeemaschine. So verinnerlichen Sie schwierige Verbformen ganz nebenbei. Denn das Auge lernt mit.

Beispielsätze gegen Trockenfutter

Trockenfutter ist schwer verdaulich. Die verschiedenen Konjugationsmuster trocken aufzunehmen ebenso. Überlegen Sie sich zu jedem Verb einen Beispielsatz und konjugieren Sie diesen durch die verschiedenen Zeiten und Modi.

Fortgeschrittene können in Originaltexten (Zeitungen, Büchern, Filmen, Songtexten) nach konkreten Anwendungsbeispielen suchen. So werden die Konjugationen leicht bekömmlich.

Führen Sie Selbstgespräche

Wählen Sie besonders schwierige Verbformen aus, schreiben Sie dazu einzelne Beispielsätze auf und sprechen Sie diese laut vor sich hin, z. B. unter der Dusche, beim Spazierengehen oder während langer Autofahrten. Reden Sie mit sich selbst in der Fremdsprache, so prägen Sie sich auch komplizierte Verbformen ganz schnell ein.

Grammatik à la Karte

Wie beim Vokabellernen im Allgemeinen lässt sich auch für Verben im Besonderen eine Art Karteikasten mit einzelnen Karten anlegen. Schreiben Sie die Verben – auch in konjugierter Form oder mit Beispielsätzen – auf die eine Seite und die Übersetzungen dazu auf die andere. Schauen Sie sich die Karten regelmäßig an und sortieren Sie die, die Ihnen vertraut sind, allmählich aus.

Gegensätze ziehen sich an

Merken Sie sich Verben paarweise, indem Sie sich immer auch ein Verb, das das Gegenteil bedeutet (Antonym), einprägen oder ein weiteres Verb mit der gleichen Bedeutung (Synonym). Das hilft Ihnen, nicht „sprachlos" zu sein, wenn Ihnen ein Verb mal nicht gleich einfällt oder Sie sich nicht sicher sind, wie es konjugiert wird. Indem Sie Antonyme und Synonyme mit dazulernen, bauen Sie sich einen breit gefächerten Wortschatz auf und können aus dem Vollen schöpfen.

Vor-/nach-/raus-/rein-/runter-/rüber- ...gehen

Manche Verben können durch eine Vorsilbe eine andere Bedeutung annehmen. In der Regel verändert sich dabei jedoch nicht das Konjugationsmuster. Das ist sehr praktisch, denn auf diese Weise müssen Sie nur das Konjugationsmuster eines Verbs lernen und beherrschen so aber gleich automatisch die Konjugation zahlreicher Ableitungen des Verbs.

Haben Sie einen Plan?

Schreiben Sie Verben, die das gleiche Konjugationsmuster haben, auf einem großen Bogen Papier, eventuell mit Zeichnungen, Verweisen oder kurzen Beispielen, überschaubar zusammen und erstellen Sie Ihren persönlichen Lageplan. Mithilfe sogenannter *mind*

Tipps & Tricks

maps können Sie sich schon durch das bloße Erstellen des Plans ganz schnell einen Gesamtüberblick über die verschiedenen Konjugationsmuster verschaffen. Ob Sie dieses Papier dann auch irgendwo hinhängen oder nicht, ist nicht ausschlaggebend, denn Sie haben dann ja den Plan schon im Kopf.

Denken Sie in Schubladen

Was im wahren Leben nicht unbedingt sinnvoll ist, kann beim Konjugationstraining hilfreich sein. Machen Sie sich gedankliche Schubladen, in die Sie die gelernten Verben einsortieren, und versehen Sie diese mit Etiketten: regelmäßige Verben, unregelmäßige Verben, Hilfsverben etc.

Bleiben Sie in Bewegung

Sie müssen beim Lernen nicht unbedingt am Schreibtisch sitzen. Stehen Sie auf, gehen Sie im Zimmer auf und ab oder wiederholen Sie beim Spazierengehen, beim Joggen, beim Schwimmen in Gedanken die neu gelernten Konjugationen. Ihr Gehirn funktioniert nachweislich besser, wenn Ihr Körper in Bewegung ist. Und Ihr Kreislauf dankt es Ihnen auch.

Beweisen Sie Taktgefühl

Klopfen Sie im Takt dazu (z. B. auf die Tischplatte), wenn Sie sich eine Konjugation einprägen wollen. Takt und Rhythmus fördern Ihr Erinnerungsvermögen. Eventuell hilft auch musikalische Unterstützung in Form von Hintergrundmusik. Und beim Wiederholen der Verbformen können Sie Ihr Taktge-fühl und Ihr Gedächtnis zugleich unter Beweis stellen.

Grammatik aus dem Ei

Behelfen Sie sich beim Lernen von Konjugationsmustern oder Verbformen, die eine Ausnahme darstellen, mit Eselsbrücken, Reimen, Merkhilfen und Lernsprüchen. „7-5-3 Rom schlüpft aus dem Ei" – was bei historischen Jahreszahlen funktioniert, klappt auch beim Sprachenlernen.

Machen Sie Witze?

Merken Sie sich Witze, in denen ein bestimmtes Verb, das Sie lernen wollen, vorkommt. Indem Sie sich den Witz in der Fremdsprache einprägen und sich an diesen erinnern, prägen Sie sich auch die Verbform und ihre Bedeutung gut ein. Das funktioniert gleichermaßen mit Sprichwörtern und Redewendungen. Aber denken Sie daran, dass sich feste Wendungen nicht immer wörtlich von einer Sprache in die andere übertragen lassen!

Setzen Sie Ihrer Fantasie keine Grenzen

Machen Sie sich im wahrsten Sinne ein Bild von der Situation, denn auch Bilder, die Sie im Kopf haben, dienen als Gedächtnisstützen. Versuchen Sie also, ein neu gelerntes Verb gedanklich mit einem einfachen Bild zu verknüpfen. Was sagt das Verb aus? Vor allem das Erlernen der Zeiten funktioniert besser, wenn Sie sich das, was die jeweilige Zeitform ausdrückt, visuell vorstellen.

Tipps & Tricks

Gretchenfrage: Und wie steht's mit der Muttersprache?

Denken Sie über Ihre eigenen Sprechgewohnheiten nach und schauen Sie sich die Regeln Ihrer Muttersprache an. Die Gesetze der Fremdsprache sind viel einfacher nachvollzieh- und erlernbar, wenn man die Unterschiede zur eigenen Muttersprache kennt. Welche Zeitformen verwenden Sie wann, wie werden sie gebildet etc.? Indem Sie die Fremdsprache mit Ihrer Muttersprache vergleichen, machen Sie sich Parallelen und Unterschiede bewusster und prägen sich diese gleich viel besser ein.

Lieber hin und weg als auf und davon

Lernen Sie die Verben auch gleich in Verbindung mit verschiedenen Präpositionen. Sie werden zum einen merken, dass Sie damit Ihren Wortschatz ganz schnell erweitern können, da die Verben je nach Präposition zumeist auch unterschiedliche Bedeutungen haben. Zum anderen werden Sie feststellen, dass in der Fremdsprache häufig ganz andere Präpositionen mit dem Verb verwendet werden als in Ihrer Muttersprache.

Gebrauchsanweisung

Wenn Sie sich ein Verb und sein Konjugationsmuster einprägen, dann achten Sie auch darauf, den richtigen Gebrauch des Verbs mitzulernen. Denn nur so können Sie das Gelernte auch in der Praxis erfolgreich zur Anwendung bringen.

Wer liest, ist im Vorteil

Wagen Sie sich langsam an fremdsprachige Lektüre heran, sei es in vereinfachter Form mit Übersetzungshilfen, sei es in Form leichter Originaltexte, und schauen Sie sich insbesondere die verwendeten Verbformen immer wieder bewusst an. Es zählt nicht, wie viel Sie lesen, sondern dass Sie einzelne Zeit- und Verbformen im Kontext nachvollziehen und verstehen können, was ausgedrückt werden soll.

Haben Sie O-Töne?

Lernen Sie multimedial. Schauen Sie DVDs oder Kinofilme im Originalton und wenn möglich mit Originaluntertitel an, also z. B. einen französischen Film mit französischem Untertitel. Sie werden sehen, dass Sie durch das Mitlesen das Gesprochene wesentlich besser verstehen als ohne die Texthilfe. Halten Sie die DVD gelegentlich auch mal an und schreiben Sie sich interessante Verben, auch in Verbindung mit verschiedenen Präpositionen oder als ganze Redewendung, auf.

Verben – ab in den Koffer!

Das Spiel „Ich packe in meinen Koffer …" kennt vermutlich jeder. Falls nicht, hier die ultimative Variante zum Konjugationstraining zu zweit: Setzen Sie sich mit Ihrem Mitlerner zusammen und beginnen Sie, indem Sie eine Verbform laut sagen. Ihr Mitlerner muss diese wiederholen und eine andere Verbform hinzufügen. Dann sind wieder Sie an der Reihe mit der nächsten Verbform usw.

Tipps & Tricks

Der Vorteil bei dieser Trainingsform ist, dass Sie nicht nur Verbkonjugationen und Vokabeln gleichzeitig lernen, sondern auch Ihr Gedächtnis in Schwung halten und das Ganze auf spielerische und unterhaltsame Art und Weise.

Kofferpacken für Fortgeschrittene

Wenn Sie Spaß am spielerischen Lernen gefunden haben, dann gefällt Ihnen sicher auch „Kofferpacken für Fortgeschrittene". Wenn Sie ein Verb „in den Koffer packen", dann muss Ihr Mitspieler ein Verb mit dem in der alphabetischen Reihenfolge folgenden Buchstaben dazupacken usw. Sie sind auf jeden Fall im Vorteil, denn Sie können sich ja mit den Alphabetischen Verblisten am Ende des Buches bestens auf das verbale Duell vorbereiten.

Wenn Ihnen das noch nicht reicht, dann gibt es noch die ultimativ spaßige Verben-in-den-Koffer-pack-Variante: Sie vereinbaren mit Ihrem Mitspieler im Vorfeld zwei Handzeichen. Daumen nach oben heißt, dass die Verben, wie oben beschrieben, in alphabetisch aufsteigender Variante gepackt werden müssen. Daumen nach unten heißt, dass das nächste Verb mit einem Anfangsbuchstaben in alphabetisch absteigender Richtung beginnen muss. Das geht dann so lange so weiter, bis es zum nächsten Richtungswechsel kommt. Sie werden sehen, lachen ist vorprogrammiert und der Lerneffekt auch.

Verb-Memo für Einzelkämpfer zur Pärchenbildung

Um Ihrem neu entdeckten Spieltrieb keinen Abbruch zu tun, hier noch ein Spieltipp, den Sie auch alleine umsetzen können. Schreiben Sie sich die gleiche konjugierte Verbform jeweils auf zwei Kärtchen. Insgesamt sollten Sie ca. 20 bis 30 Kärtchen erstellen, die Sie dann umdrehen und mischen. Dann decken Sie ein Kärtchen auf und versuchen unter den umgedrehten Kärtchen das Pendant zu Ihrem Kärtchen zu finden. Werden Sie nicht auf Anhieb fündig, so müssen Sie die Karte wieder umdrehen. Merken Sie sich gut, auf welcher Karte sich welche Verbform befindet, und verwechseln Sie sehr ähnlich aussehende Formen nicht! Wenn Sie ein Pärchen haben, dürfen Sie dieses aus dem Spiel nehmen. Das geht so lange, bis keine Karten mehr im Spiel sind. Auch hier trainieren Sie nicht nur die Konjugationen, sondern Ihr Gedächtnis und manchmal auch Ihre Geduld.

Learning by doing in freier Wildbahn

Zu guter Letzt, wenden Sie die gelernten Verben und Konjugationen aktiv an. Reisen Sie in Länder, in denen die Sprache gesprochen wird, genießen Sie es, mit Menschen in der Fremdsprache zu sprechen, die Sie gerade lernen oder dann auch schon können, und freuen Sie sich über die Anerkennung, die Sie dafür bekommen, und die Kontakte, die Sie dabei knüpfen können – weil Sprachen verbinden …

Viel Spaß und Erfolg wünscht Ihnen Ihre Langenscheidt-Redaktion

Terminologie

Französisch	Deutsch
accord	*Accord (Angleichung)*
auxiliaire	*Hilfsverb*
conditionnel présent	*Konditional I*
conditionnel passé	*Konditional II*
futur antérieur	*Futur antérieur*
futur composé	*Futur composé*
futur simple	*Futur simple*
gérondif	*Gerund*
imparfait	*Imparfait*
impératif	*Imperativ*
indicatif	*Indikativ*
infinitif	*Infinitiv*
infinitif passé	*Infinitiv der Vergangenheit*
négation	*Verneinung*
participe	*Partizip*
participe passé	*Partizip Perfekt*
participe présent	*Partizip Präsens*
passé	*Vergangenheit*
passé antérieur	*Passé antérieur*
passé composé	*Passé composé*
passé récent	*Passé récent*
passé simple	*Passé simple*
plus-que-parfait	*Plus-que-parfait*
préposition	*Präposition*
présent	*Präsens*
pronom neutre	*neutrales Pronomen*
proposition conditionnelle	*Bedingungssatz*
subjonctif	*Subjonctif*
subjonctif imparfait	*Subjonctif imparfait*
subjonctif passé	*Subjonctif der Vergangenheit*
subjonctif plus-que-parfait	*Subjonctif plus-que-parfait*
subjonctif présent	*Subjonctif Präsens*
verbe	*Verb*
verbe défectif/impersonnel	*unvollständiges/unpersönliches Verb*
verbe irrégulier/régulier	*unregelmäßiges/regelmäßiges Verb*
verbe pronominal	*reflexives Verb*
voix passive	*Passiv*

Grammaire

① Das Verb A1

ℹ️ Wie im Deutschen verändert sich das französische Verb in Person (im Partizip Perfekt teilweise auch in Genus) und Numerus (Singular, Plural) sowie in Modus, Tempus und Verhaltensrichtung (Aktiv, Passiv).

1.1 Die Konjugationsgruppen A1

ℹ️ Die französischen Verben werden nach ihrer Infinitivendung in drei Konjugationsgruppen eingeteilt.

- Verben der 1. Gruppe:
  Die 1. Gruppe umfasst die Verben auf **-er**, außer **aller** *gehen*, das zur 3. Gruppe gehört. Diese regelmäßigen Verben bilden die 1. Person Singular Indikativ Präsens auf **-e** und das Partizip Perfekt auf **-é**.

parler, je parle, j'ai parlé *sprechen*

  Die Verben der 1. Gruppe mit besonderer Schreibweise werden in den jeweiligen Konjugationstabellen aufgeführt.

- Verben der 2. Gruppe:
  Die 2. Gruppe umfasst die regelmäßigen Verben auf **-ir** mit Stammerweiterung im Plural, die in der 1. Person Singular Indikativ Präsens auf **-is** und im Partizip Präsens auf **-issant** enden.

finir, je finis, finissant *beenden*

- Verben der 3. Gruppe:
  Die 3. Gruppe umfasst alle übrigen Verben, die meist unregelmäßig sind: das Verb **aller** *gehen*, die übrigen Verben auf **-ir**, die Verben auf **-oir** und die Verben auf **-re**.

1.2 Die Verben avoir und être A1

ℹ️ Wie im Deutschen werden im Französischen **être** *sein* und **avoir** *haben* auch als Hilfsverb zur Bildung der zusammengesetzten Zeiten verwendet.

- Mit **avoir** gebildete Verben in den zusammengesetzten Zeiten sind:
  - alle transitiven Verben:
    Il a pris une soupe de légumes. *Er hat eine Gemüsesuppe genommen.*
  - die meisten intransitiven Verben:
    Anne a beaucoup lu pendant les vacances. *Anne hat viel gelesen in den Ferien.*

15

- **⚡** im Gegensatz zum Deutschen die Verben **A2** marcher *zu Fuß gehen* und **A2** rouler *fahren* sowie die Verben **B1** courir *rennen* und **B1** nager *schwimmen*:
  A2 Elle **a marché** jusqu'ici. *Sie ist bis hierhin zu Fuß gegangen.*
  B1 Il **a couru** comme un fou. *Er ist wie blöd gelaufen.*
- die unpersönlichen Verben:
  Il **a neigé**. *Es hat geschneit.*
- être und avoir:
  J'**ai été** malade. *Ich war krank.*
  J'**ai eu** mal à la tête. *Ich hatte Kopfschmerzen.*

- Mit être gebildete Verben in den zusammengesetzten Zeiten sind:
  - alle reflexiven Verben:
    Il **s'est lavé**. *Er hat sich gewaschen.*
  - einige intransitive Verben, die eine Bewegung oder einen veränderten Zustand kennzeichnen:
    Nous **sommes allés** au cinéma. *Wir sind ins Kino gegangen.*
  - transitive Verben zur Bildung des Passivs:
    Ces voitures **sont importées** par une grande entreprise. *Diese Autos werden von einem großen Unternehmen importiert.*

A1 ## 1.3 Das reflexive Verb

Reflexive Verben werden mithilfe der Reflexivpronomen gebildet.

- einfache Zeiten:
- zusammengesetzte Zeiten:

se **laver** *sich waschen*	s'**asseoir** *sich setzen*
je **me** lave	je **me** suis assis(e)
tu **te** laves	tu **t'**es assis(e)
il/elle **se** lave	il/elle **s'**est assis(e)
nous **nous** lavons	nous **nous** sommes assis(es)
vous **vous** lavez	vous **vous** êtes assis(es)
ils/elles **se** lavent	ils/elles **se** sont assis(es)

☼ In den einfachen Zeiten steht das verbundene Reflexivpronomen im Französischen zwischen dem Subjekt und dem konjugierten Verb.

☼ In den zusammengesetzten Zeiten steht das verbundene Reflexivpronomen im Französischen zwischen dem Subjekt und dem Hilfsverb être *sein*.

Grammatik

1.4 Das unpersönliche Verb

☀ Unpersönliche Verben werden nur in der 3. Person Singular mit dem neutralen Pronomen il als Subjekt verwendet.

Il a neigé/plu toute la journée. *Es hat den ganzen Tag geschneit/geregnet.*
Il fait froid. *Es ist kalt.*
Il est quelle heure ? *Wie viel Uhr ist es?*
B1 **Il faut** réserver la veille. *Man muss einen Tag vorher reservieren.*
B1 **Il faut que** vous réserviez la veille. *Sie müssen einen Tag vorher reservieren.*

② Der Indikativ

☀ Mit dem Modus Indikativ werden Tatsachen in der Gegenwart (Präsens), in der Vergangenheit (Imparfait, Passé composé, Plus-que-parfait, Passé simple, Passé récent, Passé antérieur) oder in der Zukunft (Futur simple, Futur composé, Futur antérieur) geschildert.

2.1 Das Präsens

Formen
Die Verben der 1. Gruppe bilden das Präsens wie folgt:

Die Verben der 2. Gruppe bilden das Präsens wie folgt:

Endungen	**parl-er** *sprechen*
-e	je parl**e**
-es	tu parl**es**
-e	il/elle parl**e**
-ons	nous parl**ons**
-ez	vous parl**ez**
-ent	ils/elles parl**ent**

Endungen	**fin-ir** *beenden*
-s	je finis
-s	tu finis
-t	il/elle finit
-ons	nous finiss**ons**
-ez	vous finiss**ez**
-ent	ils/elles finiss**ent**

⚡ Bei den Verben der 3. Gruppe liegt sehr häufig eine Stammänderung vor, die Sie beachten sollten.

Grammatik

Endungen	cour-ir *laufen*/ prend-re *nehmen*	Endungen	cueill-ir *pflücken*
-s	je cours/prends	-e	je cueille
-s	tu cours/prends	-es	tu cueilles
-t/-d	il/elle court/prend	-e	il/elle cueille
-ons	nous courons/prenons	-ons	nous cueillons
-ez	vous courez/prenez	-ez	vous cueillez
-ent	ils/elles courent/prennent	-ent	ils/elles cueillent

Endungen	pouv-oir *können*
-x	je peux
-x	tu peux
-t	il/elle peut
-ons	nous pouvons
-ez	vous pouvez
-ent	ils/elles peuvent

Das Präsens von **avoir** und **être** wird wie folgt gebildet:

avoir *haben*	être *sein*
j'**ai**	je **suis**
tu **as**	tu **es**
il/elle **a**	il/elle **est**
nous **avons**	nous **sommes**
vous **avez**	vous **êtes**
ils/elles **ont**	ils/elles **sont**

Gebrauch

Wie im Deutschen beschreibt das Präsens ein Geschehen, das gleichzeitig zum Sprechzeitpunkt abläuft.

Delphine **prépare** une salade pour ce soir. *Delphine macht einen Salat für heute Abend.*

Es drückt auch eine Gewohnheit oder eine allgemeine Wahrheit aus.

Nous **mangeons** du poisson deux fois par semaine. Et vous ? *Wir essen zweimal pro Woche Fisch. Und Sie?*

La santé **est** plus importante que l'argent. *Die Gesundheit ist wichtiger als Geld.*

Auch die nahe Zukunft wird durch das Präsens vermittelt.

Son voisin **part** demain. *Sein Nachbar fährt morgen ab.*

Grammatik

Es signalisiert ferner, dass eine Bedingung noch nicht erfüllt ist. Das Präsens steht dann im Nebensatz nach der Konjunktion si *wenn* und im Hauptsatz steht das Futur simple.

Si j'**ai** le temps, je t'**écrirai** une carte postale. *Wenn ich Zeit* **habe,** *schreibe ich dir eine Postkarte.*

ℹ️ Im Französischen gibt es eine eigene Form des Präsens, das Présent progressif, um hervorzuheben, dass eine Handlung gerade passiert. Sie wird gebildet mit **être en train de** + Infinitiv.

Delphine **est en train de préparer** une salade pour ce soir. *Delphine* **macht gerade** *einen Salat für heute Abend.*

2.2 Die Vergangenheit
Ⓐ1

2.2.1 Das Imparfait
Ⓐ1

Formen
Das Imparfait wird mit dem Verbstamm der 1. Person Plural Indikativ Präsens + Endung des Imparfait gebildet. ⚡ Manche unregelmäßige Verben der 3. Gruppe sowie avoir und être weichen von diesem System etwas ab, haben aber regelmäßige Endungen.

Endungen	**prendre** *nehmen* pren-ons	**avoir** *haben*	**être** *sein*
-ais	je pren**ais**	j'av**ais**	j'ét**ais**
-ais	tu pren**ais**	tu av**ais**	tu ét**ais**
-ait	il/elle pren**ait**	il/elle av**ait**	il/elle ét**ait**
-ions	nous pren**ions**	nous av**ions**	nous ét**ions**
-iez	vous pren**iez**	vous av**iez**	vous ét**iez**
-aient	ils/elles pren**aient**	ils/elles av**aient**	ils/elles ét**aient**

Gebrauch
Das Imparfait steht zur Schilderung zeitlich unbegrenzter Zustände und Handlungen in der Vergangenheit.

Il **faisait** très beau et les enfants **jouaient** sur la plage. *Das Wetter* **war** *sehr schön und die Kinder* **spielten** *am Strand.*

⚡ Abgeschlossene Handlungen, die in diesen Hintergrund eingebettet sind, werden mit dem Passé composé ausgedrückt.

Les enfants **jouaient** dans l'eau quand le temps **a changé.** *Die Kinder* **spielten** *im Wasser, als sich das Wetter* **änderte.**

Grammatik

Das Imparfait drückt auch eine Gewohnheit in der Vergangenheit aus.

Quand ils **habitaient** à Paris, ils **partaient** tous les week-ends. *Als sie in Paris wohnten, fuhren sie jedes Wochenende weg.*

A2 Des Weiteren signalisiert es eine bisher noch nicht erfüllte Bedingung. Das Imparfait steht dann im Nebensatz nach der Konjunktion si *wenn* und im Hauptsatz steht der Konditional I.

Si tu **lisais** les journaux, tu **saurais** ce qui se passe. *Wenn du die Zeitung lesen würdest, wüsstest du, was los ist.*

A1 ### 2.2.2 Das Passé composé

Formen

Das französische Passé composé wird wie das deutsche Perfekt gebildet: Präsens der Hilfsverben avoir *haben* oder être *sein* + Partizip Perfekt (PP).

chanter *singen* Hilfsverb avoir + PP (= chanté)	**venir** *kommen* Hilfsverb être + PP (= venu)
j'ai **chanté**	je **suis venu(e)**
tu **as chanté**	tu **es venu(e)**
il/elle **a chanté**	il/elle **est venu(e)**
nous **avons chanté**	nous **sommes venu(e)s**
vous **avez chanté**	vous **êtes venu(e)s**
ils/elles **ont chanté**	ils/elles **sont venu(e)s**

Das Passé composé von avoir und être wird mit dem Hilfsverb avoir gebildet.

avoir *haben* Hilfsverb avoir + PP (= eu)	**être** *sein* Hilfsverb avoir + PP (= été)
j'ai **eu**	j'ai **été**
tu **as eu**	tu **as été**
il/elle **a eu**	il/elle **a été**
nous **avons eu**	nous **avons été**
vous **avez eu**	vous **avez été**
ils/elles **ont eu**	ils/elles **ont été**

Gebrauch

Das Passé composé wird meist mit einer Zeitbestimmung verwendet und beschreibt eine zwar zurückliegende, abgeschlossene Handlung, die aber noch bis in die Gegenwart wirkt.

Ils **ont** beaucoup **travaillé** et maintenant ils sont fatigués. *Sie haben viel gearbeitet und jetzt sind sie müde.*

Es drückt auch aufeinanderfolgende abgeschlossene Handlungen aus.
David **est rentré** à 18 heures. Il **est allé** faire du sport, après il **a pris** une douche et il **a préparé** son dîner. *David ist um 18 Uhr nach Hause gekommen. Er hat Sport gemacht, danach hat er sich geduscht und hat sein Abendessen vorbereitet.*

Ferner drückt das Passé composé oft anstelle des Passé simple ein weit zurückliegendes Ereignis aus.
Samuel de Champlain **est arrivé** à Québec en 1608. *Samuel de Champlain kam 1608 in Quebec an.*

2.2.3. **Das Plus-que-parfait**   A2

Formen
Das Plus-que-parfait wird mit dem Imparfait der Hilfsverben avoir *haben* oder être *sein* + Partizip Perfekt (PP) gebildet.

travailler *arbeiten* Hilfsverb avoir + PP (= travaillé)	**aller** *gehen* Hilfsverb être + PP (= allé)
j'**avais travaillé** tu **avais travaillé** il/elle **avait travaillé** nous **avions travaillé** vous **aviez travaillé** ils/elles **avaient travaillé**	j'**étais allé(e)** tu **étais allé(e)** il/elle **était allé(e)** nous **étions allé(e)s** vous **étiez allé(e)s** ils/elles **étaient allé(e)s**

Das Plus-que-parfait von avoir und être wird mit dem Hilfsverb avoir gebildet.

avoir *haben* Hilfsverb avoir + PP (= eu)	**être** *sein* Hilfsverb avoir + PP (= été)
j'**avais eu** tu **avais eu** il/elle **avait eu** nous **avions eu** vous **aviez eu** ils/elles **avaient eu**	j'**avais été** tu **avais été** il/elle **avait été** nous **avions été** vous **aviez été** ils/elles **avaient été**

Grammatik

Gebrauch
Wie im Deutschen drückt das Plus-que-parfait aus, dass eine Handlung der Vergangenheit vor einer anderen stattgefunden hat.

*Alice a raconté/raconta qu'elle **avait vécu** au Canada.* Alice hat erzählt/erzählte, dass sie in Kanada *gelebt hatte.*

B1 Es steht auch zum Ausdruck einer nicht mehr erfüllbaren Bedingung: Das Plus-que-parfait steht dann im Nebensatz nach der Konjunktion si *wenn* und im Hauptsatz steht der Konditional II.

Si** cette mesure **avait été** prise à temps, on **aurait pu** éviter beaucoup de chômage.* *Wäre diese Maßnahme rechtzeitig **getroffen worden**, **hätte** man viel Arbeitslosigkeit vermeiden **können.

B1 ### 2.2.4 Das Passé simple

Formen und Gebrauch
Die Verben der 1. und 2. Gruppe bilden das Passé simple wie folgt:

Endungen	**jou-er** *spielen*	Endungen	**fin-ir** *beenden*
-ai	je jouai	-is	je finis
-as	tu jouas	-is	tu finis
-a	il/elle joua	-it	il/elle finit
-âmes	nous jouâmes	-îmes	nous finîmes
-âtes	vous jouâtes	-îtes	vous finîtes
-èrent	ils/elles jouèrent	-irent	ils/elles finirent

Die Verben der 3. Gruppe bilden das Passé simple wie folgt:

Endungen	**part-ir** *weggehen*	Endungen	**voul-oir** *wollen/mögen*
-is	je partis	-us	je voulus
-is	tu partis	-us	tu voulus
-it	il/elle partit	-ut	elle voulut
-îmes	nous partîmes	-ûmes	nous voulûmes
-îtes	vous partîtes	-ûtes	vous voulûtes
-irent	ils/elles partirent	-urent	ils/elles voulurent

Die folgenden Endungen gelten nur für die Verben venir *kommen* und tenir *halten* und die davon abgeleiteten Verben.

Grammatik

Endungen	ven-ir *kommen*	Endungen	ten-ir *halten*
-ins	je vins	-ins	je tins
-ins	tu vins	-ins	tu tins
-int	il/elle vint	-int	il/elle tint
-înmes	nous vînmes	-înmes	nous tînmes
-întes	vous vîntes	-întes	vous tîntes
-inrent	ils/elles vinrent	-inrent	ils/elles tinrent

Das Passé simple von avoir und être wird wie folgt gebildet:

avoir *haben*	être *sein*
j'eus	je fus
tu eus	tu fus
il/elle eut	il/elle fut
nous eûmes	nous fûmes
vous eûtes	vous fûtes
ils/elles eurent	ils/elles furent

➥ Das Passé simple wird nur noch in der geschriebenen Sprache (Literatur) verwendet. Es erfüllt zwar die gleichen Funktionen wie das Passé composé, hat aber keinen Bezug zur Gegenwart.
On **construisit** la Tour Eiffel en moins de deux ans. *Man **baute** den Eiffelturm in weniger als zwei Jahren.*

2.2.5 Das Passé récent

Formen und Gebrauch
Zum Ausdruck der unmittelbaren Vergangenheit verwendet man im Französischen das Passé récent. Es wird wie folgt gebildet:

Präsens von **venir de** + Infinitiv

Son père **vient** (juste) **de sortir** de l'hôpital. *Sein Vater **ist** gerade (eben) aus dem Krankenhaus **entlassen worden**.*

2.2.6 Das Passé antérieur

Formen und Gebrauch
Das Passé antérieur wird mit dem Passé simple von avoir oder être + Partizip Perfekt (PP) gebildet:

Grammatik

travailler *arbeiten*	aller *gehen*
Hilfsverb avoir + PP (= travaillé)	Hilfsverb être + PP (= allé)
j'eus travaillé	je fus allé(e)
tu eus travaillé	tu fus allé(e)
il/elle eut travaillé	il/elle fut allé(e)
nous eûmes travaillé	nous fûmes allé(e)s
vous eûtes travaillé	vous fûtes allé(e)s
ils/elles eurent travaillé	ils/elles furent allé(e)s

Das Passé antérieur von avoir und être wird mit dem Hilfsverb avoir gebildet.

avoir *haben*	être *sein*
Hilfsverb avoir + PP (= eu)	Hilfsverb avoir + PP (= été)
j' eus eu	j' eus été
tu eus eu	tu eus été
il/elle eut eu	il/elle eut été
nous eûmes eu	nous eûmes été
vous eûtes eu	vous eûtes été
ils/elles eurent eu	ils/elles eurent été

Das Passé antérieur wird nur noch in der geschriebenen Sprache (Literatur) zum Ausdruck der Vorzeitigkeit verwendet.

2.3 Das Futur

2.3.1 Das Futur simple

Formen
Die Verben der 1. und 2. Gruppe bilden das Futur simple wie folgt:

Infinitiv + Endung des Futur simple

Endungen	**chant-er** *singen*	Endungen	**fin-ir** *beenden*
-erai	je chant**erai**	-irai	je fin**irai**
-eras	tu chant**eras**	-iras	tu fin**iras**
-era	il/elle chant**era**	-ira	il/elle fin**ira**
-erons	nous chant**erons**	-irons	nous fin**irons**
-erez	vous chant**erez**	-irez	vous fin**irez**
-eront	ils/elles chant**eront**	-iront	ils/elles fin**iront**

Grammatik

⚡ Achten Sie auf die Stammänderungen bei den Verben der 3. Gruppe.

Endungen	**prendre** *nehmen*	**venir** *kommen*	**pouvoir** *können/dürfen*
-rai	je prend**rai**	je **viendrai**	je **pourrai**
-ras	tu prend**ras**	tu **viendras**	tu **pourras**
-ra	il/elle prend**ra**	il/elle **viendra**	il/elle **pourra**
-rons	nous prend**rons**	nous **viendrons**	nous **pourrons**
-rez	vous prend**rez**	vous **viendrez**	vous **pourrez**
-ront	ils/elles prend**ront**	ils/elles **viendront**	ils/elles **pourront**

Das Futur simple von avoir und être wird wie folgt gebildet:

avoir *haben*	**être** *sein*
j'**aurai**	je **serai**
tu **auras**	tu **seras**
il/elle **aura**	il/elle **sera**
nous **aurons**	nous **serons**
vous **aurez**	vous **serez**
ils/elles **auront**	ils/elles **seront**

Gebrauch
Das Futur simple bezeichnet ein von der Gegenwart aus gesehenes zukünftiges Geschehen. ⚡ Im Deutschen wird statt der entsprechenden Futurform häufig das Präsens verwendet.
Je vous **appellerai** vers dix-huit heures. *Ich rufe Sie gegen achtzehn Uhr an.*

Das Futur simple steht auch im Bedingungssatz, um eine realisierbare Bedingung auszudrücken.
Si Justin est là, nous **irons** ensemble au cinéma. *Wenn Justin da ist, gehen wir zusammen ins Kino.*

2.3.2 Das Futur composé

Formen und Gebrauch
➡ Das Futur composé wird vor allem in der gesprochenen Sprache zur Bezeichnung unmittelbar bevorstehender Ereignisse verwendet. Es wird wie folgt gebildet:

Präsens von aller + Infinitiv

Le gâteau **va être** prêt dans cinq minutes. *Der Kuchen **wird** in fünf Minuten fertig **sein**.*

25

Grammatik

 ### 2.3.3 Das Futur antérieur

Formen und Gebrauch
Das Futur antérieur wird mit dem Futur simple der Hilfsverben avoir oder être + Partizip Perfekt (PP) gebildet.

travailler *arbeiten* Hilfsverb avoir + PP (= travaillé)	**aller** *gehen* Hilfsverb être + PP (= allé)
j'**aurai** travaillé tu **auras** travaillé il/elle **aura** travaillé nous **aurons** travaillé vous **aurez** travaillé ils/elles **auront** travaillé	je **serai** allé(e) tu **seras** allé(e) il/elle **sera** allé(e) nous **serons** allé(e)s vous **serez** allé(e)s ils/elles **seront** allé(e)s
avoir *haben* Hilfsverb avoir + PP (= eu)	**être** *sein* Hilfsverb avoir + PP (= été)
j'**aurai** eu tu **auras** eu il/elle **aura** eu nous **aurons** eu vous **aurez** eu ils/elles **auront** eu	j'**aurai** été tu **auras** été il/elle **aura** été nous **aurons** été vous **aurez** été ils/elles **auront** été

Das Futur antérieur bezeichnet eine Handlung, die zu einem späteren Zeitpunkt in der Zukunft abgeschlossen sein wird. Im Deutschen wird dies meist durch das Perfekt ausgedrückt:
Quand Diane **aura fini** ses études, nous ferons un grand voyage. *Wenn Diane ihr Studium* **abgeschlossen hat,** *werden wir eine Fernreise unternehmen.*

 ## 2.4 Der Konditional

 ### 2.4.1 Der Konditional I

Formen
Ähnlich wie beim Futur simple bilden die Verben der 1. und 2. Gruppe den Konditional I wie folgt:

Infinitiv + Endung des Imparfait

Grammatik

Endungen	chant-er singen	Endungen	fin-ir beenden
-erais	je chanterais	-irais	je finirais
-erais	tu chanterais	-irais	tu finirais
-erait	il/elle chanterait	-irait	il/elle finirait
-erions	nous chanterions	-irions	nous finirions
-eriez	vous chanteriez	-iriez	vous finiriez
-eraient	ils/elles chanteraient	-iraient	ils/elles finiraient

⚡ Beachten Sie die Stammänderungen bei den Verben der 3. Gruppe.

Endungen	prendre nehmen	venir kommen	pouvoir können/dürfen
-rais	je prendrais	je viendrais	je pourrais
-rais	tu prendrais	tu viendrais	tu pourrais
-rait	il/elle prendrait	il/elle viendrait	il/elle pourrait
-rions	nous prendrions	nous viendrions	nous pourrions
-riez	vous prendriez	vous viendriez	vous pourriez
-raient	ils/elles prendraient	ils/elles viendraient	ils/elles pourraient

Der Konditional I von avoir und être wird wie folgt gebildet:

avoir haben		être sein	
j'aurais	nous aurions	je serais	nous serions
tu aurais	vous auriez	tu serais	vous seriez
il/elle aurait	ils/elles auraient	il/elle serait	ils/elles seraient

2.4.2 Der Konditional II

B1

Formen

Der Konditional II wird mit dem Konditional I der Hilfsverben avoir *haben* oder être *sein* + Partizip Perfekt (PP) gebildet.

travailler arbeiten Hilfsverb avoir + PP (= travaillé)	aller gehen Hilfsverb être + PP (= allé)
j'aurais travaillé	je serais allé(e)
tu aurais travaillé	tu serais allé(e)
il/elle aurait travaillé	il/elle serait allé(e)
nous aurions travaillé	nous serions allé(e)s
vous auriez travaillé	vous seriez allé(e)s
ils/elles auraient travaillé	ils/elles seraient allé(e)s

27

Grammatik

Der Konditional II von avoir und être wird wie folgt gebildet:

avoir *haben* Hilfsverb avoir + PP (= eu)	**être** *sein* Hilfsverb avoir + PP (= été)
j'aurais eu	j'aurais été
tu aurais eu	tu aurais été
il/elle aurait eu	il/elle aurait été
nous aurions eu	nous aurions été
vous auriez eu	vous auriez été
ils/elles auraient eu	ils/elles auraient été

Gebrauch des Konditional I und II
Der Konditional I und der Konditional II stehen anstelle des Futurs simple und des Futurs antérieur für Handlungen, die vom Standpunkt der Vergangenheit aus in der Zukunft stattfinden werden:
Sa mère lui a promis qu'ils **iraient** à la piscine dès qu'elle **aurait terminé** son travail. *Seine Mutter hat ihm versprochen, dass sie ins Schwimmbad **gehen**, sobald sie ihre Arbeit **beendet** hat.*

B1 Der Konditional wird verwendet
- als Modus im Bedingungssatz:
  Si elle gagnait/avait gagné un million d'euros, Marine **achèterait/aurait acheté** un chalet à la montagne. *Wenn sie eine Million Euro gewinnen würde/gewonnen hätte, **würde/hätte** Marine eine Berghütte **kaufen/gekauft**.*
- zum Ausdruck der Wahrscheinlichkeit:
  Je pense qu'elle le **ferait**. *Ich denke, dass sie es **tun würde**.*
- zum Ausdruck eines Wunsches:
  J'**aimerais** bien revoir ce film. *Ich **würde** diesen Film **gerne** noch mal sehen.*
- zum Ausdruck einer nicht bestätigten Information:
  Le célèbre acteur **aurait assassiné** sa femme. *Der berühmte Schauspieler **soll** seine Frau **ermordet haben** (wörtlich: **hätte** seine Frau **ermordet**).*
- zum Ausdruck der Höflichkeit:
  Je **voudrais** un kilo de tomates, s'il vous plaît. *Ich **möchte** bitte ein Kilo Tomaten.*

B1 ## ③ Der Subjonctif

 Im Gegensatz zum Modus Indikativ schildert der Subjonctif keine Tatsachen, sondern subjektive Auffassungen.

Grammatik

3.1 Der Subjonctif Präsens

Formen

Der Subjonctif Präsens wird wie folgt gebildet: Verbstamm der 3. Person Plural Indikativ Präsens + Endung des Subjonctif.

Endungen	chanter *singen* ils/elles chant-ent	finir *beenden* ils/elles finiss-ent	conduire *fahren* ils/elles conduis-ent
-e	que je chante	que je finisse	que je conduise
-es	que tu chantes	que tu finisses	que tu conduises
-e	qu'il/elle chante	qu'il/elle finisse	qu'il/elle conduise
-ions	que nous chantions	que nous finissions	que nous conduisions
-iez	que vous chantiez	que vous finissiez	que vous conduisiez
-ent	qu'ils/elles chantent	qu'ils/elles finissent	qu'ils/elles conduisent

☼ Bei einigen Verben wird der Subjonctif Präsens unregelmäßig gebildet, wie auch bei avoir und être.

avoir *haben*	être *sein*
que j'aie	que je sois
que tu aies	que tu sois
qu'il/elle ait	qu'il/elle soit
que nous ayons	que nous soyons
que vous ayez	que vous soyez
qu'ils/elles aient	qu'ils/elles soient

3.2 Der Subjonctif imparfait

Formen und Gebrauch

Der Subjonctif imparfait wird mit dem Verb im Passé simple und den Endungen -sse, -sses, -sse, -ssions, -ssiez, -ssent gebildet:

parler: que je parlasse
finir: que je finisse
vouloir: que je voulusse
voir: que je visse

 Der Subjonctif imparfait wird nur noch in der geschriebenen Sprache, und zwar in literarischen Texten, verwendet.

Grammatik

 3.3 Der Subjonctif der Vergangenheit

Formen und Gebrauch
Der Subjonctif der Vergangenheit (Passé) wird wie folgt gebildet: Hilfsverb être oder avoir im Subjonctif Präsens + PP.

acheter *kaufen*	**partir** *weggehen*
que j'**aie** acheté	que je **sois** parti(e)
que tu **aies** acheté	que tu **sois** parti(e)
qu'il/elle **ait** acheté	qu'il/elle **soit** parti(e)
que nous **ayons** acheté	que nous **soyons** parti(e)s
que vous **ayez** acheté	que vous **soyez** parti(e)s
qu'ils/elles **aient** acheté	qu'ils/elles **soient** parti(e)s

Der Subjonctif Präsens und der Subjonctif der Vergangenheit werden zumeist verwendet:
- im que-Satz
  - zum Ausdruck der Willensäußerung und der Wunschvorstellung:
    Il **veut** que j'**aille** le voir. *Er will, dass ich ihn besuche.*
    J'**aimerais** bien qu'il **fasse** beau demain. *Ich möchte gern, dass morgen schönes Wetter ist.*
  - zum Ausdruck der Pflicht:
    Il **faut** qu'il **apprenne** l'espagnol pour son travail. *Er muss für seine Arbeit Spanisch lernen.*
  - zum Ausdruck der Möglichkeit und des Zweifels:
    Il **se peut** que le train **ait** du retard. *Es ist möglich, dass der Zug Verspätung hat.*
  - zum Ausdruck der Gefühle und der Eindrücke:
    Les enfants **sont contents** que tu **sois** là. *Die Kinder freuen sich, dass du da bist.*

☼ Bei den Verben des Sagens und Denkens, der Sicherheit und der Wahrscheinlichkeit ist der Gebrauch des Subjonctif im que-Satz nicht automatisch. Daher prägen Sie sich folgende Formeln ein:

Aussagesatz/est-ce que-Frage/Intonationsfrage + Indikativ

Il **pense** qu'elle **est** douée. *Er denkt, dass sie begabt ist.*
Est-ce qu'il **pense** qu'elle **est** douée ?/Il **pense** qu'elle **est** douée ? *Denkt er, dass sie begabt ist?*

Verneinung/Inversionsfrage + Subjonctif

> Grammatik

Il **ne pense pas** qu'elle **soit** douée. *Er denkt nicht, dass sie begabt ist.*
Pense-t-il qu'elle **soit** douée ? *Denkt er, dass sie begabt ist?*

- nach manchen Konjunktionen, z. B. **sans que** *ohne dass*:
  Il est parti **sans qu**'elle le **sache**. *Er ist gegangen, **ohne dass** sie es weiß.*
- im Relativsatz, aber nur in manchen Fällen, wie z. B.:
  - zum Ausdruck einer Wunschvorstellung:
    Je cherche un appartement qui soit très **clair**. *Ich suche eine Wohnung, die sehr hell ist.*
  - im Falle einer Steigerung:
    C'est **le plus beau livre** que j'**aie** (jamais) **lu**. *Das ist das schönste Buch, das ich je gelesen habe.*

3.4 Der Subjonctif plus-que-parfait

Formen und Gebrauch
Der Subjonctif plus-que-parfait wird mit dem Hilfsverb **avoir** oder **être** im Subjonctif imparfait und dem PP gebildet:

> finir: que j'eusse fini
> partir: que je fusse parti

➡ Der Subjonctif plus-que-parfait wird nur noch in der geschriebenen Sprache, und zwar in literarischen Texten, verwendet.

(4) Der Imperativ

Formen und Gebrauch
ⓘ Im Französischen hat der Imperativ drei Personen: die 2. Person Singular (du-Form), die 1. Person Plural (wir-Form) und die 2. Person Plural (ihr-Form oder Sie-Form = Höflichkeitsform).
Die Formen des Imperativ Präsens richten sich in der Regel nach dem Indikativ Präsens. ⚡ Verben der 1. Gruppe, die in der 2. Person Singular im Indikativ Präsens auf **-es** enden, enden im Imperativ auf **-e**: **Tu parles – Parle !**

	parler *sprechen*	**finir** *beenden*	**apprendre** *lernen*
2. Person Singular	parle	finis	apprends
1. Person Plural	parlons	finissons	apprenons
2. Person Plural	parlez	finissez	apprenez

Grammatik

Der Imperativ von **avoir** und **être** wird so gebildet:

	avoir *haben*	**être** *sein*
2. Person Singular	aie	sois
1. Person Plural	ayons	soyons
2. Person Plural	ayez	soyez

🛈 Bei reflexiven Verben (z. B. **se laver** *sich waschen*) steht im verneinten Imperativ das Reflexivpronomen *vor* dem Verb: **Ne te lave pas.** *Wasch dich nicht!*

🗩 Im bejahten Imperativ wird das unverbundene betonte Personalpronomen **toi** anstatt des Reflexivpronomens **te** verwendet: **Lave-toi.** *Wasch dich!*

Mit dem Imperativ werden Aufforderungen, Wünsche, Anweisungen und Ratschläge geäußert.
Appelle-le ! *Ruf ihn an!*   **Amuse-toi bien !** *Viel Spaß!*

  Der Infinitiv

Formen

	Verben der 1. Gruppe	**Verben der 2. Gruppe**	**Verben der 3. Gruppe**
Infinitiv Präsens	dans**er** *tanzen*	fin**ir** *beenden*	prend**re**/ven**ir**/recev**oir** *nehmen/kommen/ bekommen*
B2 Infinitiv Perfekt	avoir dansé	avoir fini	avoir pris/être venu/ avoir reçu

Gebrauch

Der Infinitv drückt einen Befehl oder eine Anweisung aus:
Ne pas se pencher par la fenêtre ! *Nicht aus dem Fenster lehnen!*

Der Infinitiv wird häufig ohne Präposition verwendet:
Olivier ne **peut** pas **venir**. *Olivier kann nicht kommen.*
Il **dit avoir** raison. *Er sagt, dass er recht hat.*
Il **regardait** les enfants **jouer** dans le jardin. *Er schaute zu, wie die Kinder im Garten spielten.*

Es gibt jedoch auch zahlreiche Infinitivkonstruktionen mit Präposition:
Elle a enfin **arrêté de fumer**. *Sie hat endlich aufgehört zu rauchen.*
As-tu **pensé à acheter** du pain ? *Hast du daran gedacht, Brot zu kaufen?*

Grammatik

(6) Das Partizip

B1

6.1 Das Partizip Perfekt

B1

Formen und Gebrauch

	Infinitiv	Partizip Perfekt
Verben der 1. Gruppe	danser *tanzen*	**dansé**
Verben der 2. Gruppe	finir *beenden*	**fini**
Verben der 3. Gruppe	faire *machen*	**fait**
	dire *sagen*	**dit**
	venir *kommen*	**venu**
	ouvrir *öffnen*	**ouvert**
	savoir *wissen*	**su**
	mettre *legen*	**mis**
	prendre *nehmen*	**pris**
Hilfsverb	être *sein*	**été**
Hilfsverb	avoir *haben*	**eu**

Das Partizip Perfekt wird zur Bildung der zusammengesetzten Zeiten als Verbform mit dem Hilfsverb avoir oder être verwendet.
Les enfants **sont allés** au cinéma. *Die Kinder sind ins Kino gegangen.*
J'**ai rencontré** Alice dans le métro. *Ich habe Alice in der Métro getroffen.*

Zur Bildung des Passivs wird das Partizip Perfekt im Französischen jedoch stets mit dem Hilfsverb être *sein* verwendet.
Son appartement **a été cambriolé**. *In seine Wohnung wurde eingebrochen.*

Angleichung des Partizips
☼ Das mit avoir verbundene Partizip Perfekt ist in der Regel unveränderlich.
Claire **a acheté** des tulipes. *Claire hat Tulpen gekauft.*

Geht jedoch ein direktes Objekt dem Hilfsverb voran, so erfolgt eine Angleichung des Partizips Perfekt an das direkte Objekt.
Elle **les** (*les = les tulipes*) **a trouvées** au marché. *Sie hat sie auf dem Markt gefunden.*
Veux-tu voir **les photos** que j'**ai prises** au Brésil ? *Willst du die Bilder sehen, die ich in Brasilien gemacht habe?*

◀ Geht jedoch en dem mit dem Hilfsverb avoir verbundenen Partizip Perfekt voraus, gibt es keine Angleichung.

Comme tu aimes les asperges, j'**en ai acheté** pour ce soir. *Da du gerne Spargel magst, habe ich welchen für heute Abend gekauft.*

☀️ Das mit être verbundene Partizip Perfekt stimmt immer mit dem Subjekt überein (= Accord).
Nathalie est partie en vacances. *Nathalie ist in Urlaub gegangen.*

Bei den reflexiven Verben stimmt das Partizip Perfekt mit dem vorangehenden direkten Objekt überein. Steht das direkte Objekt jedoch nach dem Verb, so ist das Partizip Perfekt unveränderlich.
Elle s'est lav**ée**. *Sie hat sich gewaschen.*
Elle s'est lav**é** les mains. *Sie hat sich die Hände gewaschen.*

Bei den ausschließlich reflexiven Verben stimmt das Partizip Perfekt mit dem Subjekt überein.
Leur chienne s'est échapp**ée**. *Ihre Hündin ist weggelaufen.*

B1 6.2 **Das Partizip Präsens**

Formen und Gebrauch
Das Partizip Präsens wird mit dem Verbstamm der 1. Person Plural Indikativ Präsens + Endung **-ant** gebildet.

	chanter *singen*	**finir** *beenden*	**prendre** *nehmen*
1. Person Plural Indikativ Präsens	nous chant-**ons**	nous finiss-**ons**	nous pren-**ons**
Partizip Präsens	chant**ant**	finiss**ant**	pren**ant**

🔊 Ausnahmen:	**être** *sein*	**avoir** *haben*	**savoir** *wissen*
Partizip Präsens	étant	ayant	sachant

Als infinite Verbform ist das Partizip Präsens in Person und Zahl unveränderlich. Es hat meist eine Ergänzung und steht anstelle eines Relativsatzes oder eines Adverbialsatzes.
Ayant la grippe, elle préfère rester à la maison. (= Comme elle a la grippe, ...)
Da sie die Grippe hat, bleibt sie lieber zu Hause.

Das in manchen Fällen zum Verbaladjektiv gewordene Partizip Präsens ist in Geschlecht und Zahl hingegen veränderlich. Es hat keine Ergänzung:
des personnes **intéressantes**   *interessante Personen*
une femme **charmante**   *eine charmante Frau*

34

Grammatik

Das Gerund

Formen und Gebrauch

Das Gerund wird aus en und dem Partizip Präsens gebildet.

	Partizip Präsens	Gerund Perfekt
chanter *singen*	chantant	**en chantant**
finir *beenden*	finissant	**en finissant**
prendre *nehmen*	prenant	**en prenant**
être *sein*	étant	**en étant**
avoir *haben*	ayant	**en ayant**
savoir *wissen*	sachant	**en sachant**

Das Gerund ist in Person und Zahl unveränderlich. Es drückt die Gleichzeitigkeit zweier Handlungen aus, die das gleiche Subjekt haben.

Il a rencontré Yves **en allant** à la pharmacie. *Er hat Yves getroffen, **als** er zur Apotheke **ging**.*

Das Passiv

Formen und Gebrauch

❶ Das Passiv ist im Französischen weniger geläufig als im Deutschen und wird oft umschrieben. Es wird mit dem Hilfsverb être *sein* in der entsprechenden Zeit und dem Partizip Perfekt gebildet.

Subjekt	**Hilfsverb être**	**+ Partizip Perfekt**	**(+ Urheber)**
Nous	**sommes**	**invités**	**(par nos voisins).**
Wir	*werden*	*(von unseren Nachbarn) eingeladen.*	

Der Urheber der Handlung wird meist durch die Präposition par, seltener durch de bezeichnet.

Elle a été piquée **par** une guêpe. *Sie wurde **von** einer Wespe gestochen.*
Les Pichet sont accompagnés **de** leurs amis. *Die Pichets werden **von** ihren Freunden begleitet.*

Hilfsverb

1 avoir *haben*

Musterkonjugation;
Hilfsverb

Indicatif

Présent
j'	ai
tu	as
il	a
nous	avons
vous	avez
ils	ont

Passé composé
j'	ai	eu
tu	as	eu
il	a	eu
nous	avons	eu
vous	avez	eu
ils	ont	eu

Imparfait
j'	avais
tu	avais
il	avait
nous	avions
vous	aviez
ils	avaient

Plus-que-parfait
j'	avais	eu
tu	avais	eu
il	avait	eu
nous	avions	eu
vous	aviez	eu
ils	avaient	eu

Passé simple
j'	eus
tu	eus
il	eut
nous	eûmes
vous	eûtes
ils	eurent

Passé antérieur
j'	eus	eu
tu	eus	eu
il	eut	eu
nous	eûmes	eu
vous	eûtes	eu
ils	eurent	eu

Futur simple
j'	aurai
tu	auras
il	aura
nous	aurons
vous	aurez
ils	auront

Futur antérieur
j'	aurai	eu
tu	auras	eu
il	aura	eu
nous	aurons	eu
vous	aurez	eu
ils	auront	eu

Conditionnel

Présent
j'	aurais
tu	aurais
il	aurait
nous	aurions
vous	auriez
ils	auraient

Passé
j'	aurais	eu
tu	aurais	eu
il	aurait	eu
nous	aurions	eu
vous	auriez	eu
ils	auraient	eu

Subjonctif

Présent
que j'	aie
que tu	aies
qu' il	ait
que nous	ayons
que vous	ayez
qu' ils	aient

Imparfait
que j'	eusse
que tu	eusses
qu' il	eût
que nous	eussions
que vous	eussiez
qu' ils	eussent

Passé
que j'	aie	eu
que tu	aies	eu
qu' il	ait	eu
que nous	ayons	eu
que vous	ayez	eu
qu' ils	aient	eu

Plus-que-parfait
que j'	eusse	eu
que tu	eusses	eu
qu' il	eût	eu
que nous	eussions	eu
que vous	eussiez	eu
qu' ils	eussent	eu

Participe

Présent
ayant

Passé
eu(e)

Gérondif
en ayant

Impératif
aie
ayons
ayez

Infinitif
passé
avoir eu

avoir *haben*

 Anwendungsbeispiele

Ils **ont** une jolie maison. *Sie **haben** ein schönes Haus.*
Quel âge **as**-tu ? *Wie alt bist du?*
En France **il y a** environ 63 millions d'habitants. *In Frankreich **gibt es** rund 63 Millionen Einwohner.*
Tu **n'as qu'à** faire réchauffer le déjeuner. *Du **brauchst nur** das Mittagessen warm zu machen.*
Pauline **a couru à** la maison. *Pauline **ist nach** Hause **gerannt**.*
Ils **ont ri** comme des fous. *Sie **haben** wie wahnsinnig **gelacht**.*

 Redewendungen

avoir faim/soif *Hunger/Durst haben*
avoir froid/chaud *mir ist kalt/warm*
avoir honte *sich schämen*   de qn./qc.
avoir de la chance *Glück haben*
avoir le droit de faire qc. *etw. tun dürfen*
avoir envie de qc. *Lust auf etw. haben*
avoir qc. à faire *etwas zu tun haben*

 Ähnliche Verben

posséder *besitzen*
détenir *besitzen*
obtenir *bekommen*
disposer de *verfügen über*

 Gebrauch

Das Hilfsverb avoir wird bei den meisten französischen Verben für die Bildung der zusammengesetzten Zeiten verwendet (▷ Grammatik rund ums Verb, **1.2**).
Dies gilt auch für manche Verben, die eine Bewegung ausdrücken:
On **a roulé** toute la nuit. *Wir **sind** die ganze Nacht **gefahren**.*
Il **a marché** très tôt. *Er **ist** sehr früh **losgelaufen**.*

 Tipps & Tricks

Lernen Sie auch die Angleichung des Participe passé mit avoir (▷ Grammatik rund ums Verb, **6.1**)!

Hilfsverb

② être *sein*

Musterkonjugation;
Hilfsverb

Indicatif

Présent
je	suis
tu	es
il	est
nous	sommes
vous	êtes
ils	sont

Imparfait
j'	étais
tu	étais
il	était
nous	étions
vous	étiez
ils	étaient

Passé simple
je	fus
tu	fus
il	fut
nous	fûmes
vous	fûtes
ils	furent

Futur simple
je	serai
tu	seras
il	sera
nous	serons
vous	serez
ils	seront

Passé composé
j'	ai	été
tu	as	été
il	a	été
nous	avons	été
vous	avez	été
ils	ont	été

Plus-que-parfait
j'	avais	été
tu	avais	été
il	avait	été
nous	avions	été
vous	aviez	été
ils	avaient	été

Passé antérieur
j'	eus	été
tu	eus	été
il	eut	été
nous	eûmes	été
vous	eûtes	été
ils	eurent	été

Futur antérieur
j'	aurai	été
tu	auras	été
il	aura	été
nous	aurons	été
vous	aurez	été
ils	auront	été

Subjonctif

Présent
que je	sois
que tu	sois
qu' il	soit
que nous	soyons
que vous	soyez
qu' ils	soient

Imparfait
que je	fusse
que tu	fusses
qu' il	fût
que nous	fussions
que vous	fussiez
qu' ils	fussent

Passé
que j'	aie	été
que tu	aies	été
qu' il	ait	été
que nous	ayons	été
que vous	ayez	été
qu' ils	aient	été

Plus-que-parfait
que j'	eusse	été
que tu	eusses	été
qu' il	eût	été
que nous	eussions	été
que vous	eussiez	été
qu' ils	eussent	été

Conditionnel

Présent
je	serais
tu	serais
il	serait
nous	serions
vous	seriez
ils	seraient

Passé
j'	aurais	été
tu	aurais	été
il	aurait	été
nous	aurions	été
vous	auriez	été
ils	auraient	été

Participe

Présent
étant

Passé
été

Gérondif
en étant

Impératif
sois
soyons
soyez

Infinitif passé
avoir été

être *sein*

 Anwendungsbeispiele
Claire **est** médecin. *Claire ist Ärztin.*
Il **est (parti) en** voyage. *Er ist verreist.*
Quel jour **sommes**-nous ? *Was für einen Tag haben wir?*
Je **suis d'accord** avec toi. *Ich stimme dir zu.*
C'**est à** moi. *Es gehört mir.*
C'**était** trop tard. *Es war zu spät.*
Il **était** une fois … *Es war einmal …*
Nous **nous sommes rencontrés** au Mexique. *Wir haben uns in Mexiko getroffen.*

 Redewendungen
être Français/Allemand *Franzose/Deutscher sein*
être sympathique *sympathisch sein*
être grand/petit *groß/klein sein*
être en or *aus Gold sein*
être au travail *in der Arbeit sein*
être à vendre *zu verkaufen sein*
être en train de faire qc. *dabei zu sein, etw. zu tun*

 Ähnliche Verben
exister *bestehen*
se trouver *sich befinden*
demeurer *bleiben*

 Gebrauch
Mit dem Hilfsverb être werden die zusammengesetzten Zeiten der reflexiven Verben gebildet (▷ Grammatik rund ums Verb, **1.3**):
Il **s'est lavé**. *Er hat sich gewaschen.*
Dies gilt auch für einige intransitive Verben wie:
Elle **est née** en 1999. *Sie ist 1999 geboren.*
Nous **sommes allés** au cinéma. *Wir sind ins Kino gegangen.*

 Tipps & Tricks
Lernen Sie auch die Angleichung des Participe passé mit être (▷ Grammatik rund ums Verb, **6.1**)!
Das Participe passé von être (été) ist übrigens unveränderlich!

Reflexives Verb

 ## s'asseoir *sich hinsetzen*

Musterkonjugation;
Reflexives Verb

Indicatif

Présent
je	m'assieds
tu	t'assieds
il	s'assied
nous	nous asseyons
vous	vous asseyez
ils	s'asseyent

Imparfait
je	m'asseyais
tu	t'asseyais
il	s'asseyait
nous	nous asseyions
vous	vous asseyiez
ils	s'asseyaient

Passé simple
je	m'assis
tu	t'assis
il	s'assit
nous	nous assîmes
vous	vous assîtes
ils	s'assirent

Futur simple
je	m'assiérai
tu	t'assiéras
il	s'assiéra
nous	nous assiérons
vous	vous assiérez
ils	s'assiéront

Passé composé
je	me suis	assis
tu	t'es	assis
il	s'est	assis
nous	nous sommes	assis
vous	vous êtes	assis
ils	se sont	assis

Plus-que-parfait
je	m'étais	assis
tu	t'étais	assis
il	s'était	assis
nous	nous étions	assis
vous	vous étiez	assis
ils	s'étaient	assis

Passé antérieur
je	me fus	assis
tu	te fus	assis
il	se fut	assis
nous	nous fûmes	assis
vous	vous fûtes	assis
ils	se furent	assis

Futur antérieur
je	me serai	assis
tu	te seras	assis
il	se sera	assis
nous	nous serons	assis
vous	vous serez	assis
ils	se seront	assis

Subjonctif

Présent
que je	m'asseye	
que tu	t'asseyes	
qu'il	s'asseye	
que nous	nous asseyions	
que vous	vous asseyiez	
qu'ils	s'asseyent	

Imparfait
que je	m'assisse
que tu	t'assisses
qu'il	s'assît
que nous	nous assissions
que vous	vous assissiez
qu'ils	s'assissent

Passé
que je	me sois	assis
que tu	te sois	assis
qu'il	se soit	assis
que nous	nous soyons	assis
que vous	vous soyez	assis
qu'ils	se soient	assis

Plus-que-parfait
que je	me fusse	assis
que tu	te fusses	assis
qu'il	se fût	assis
que nous	nous fussions	assis
que vous	vous fussiez	assis
qu'ils	se fussent	assis

Conditionnel

Présent
je	m'assiérais
tu	t'assiérais
il	s'assiérait
nous	nous assiérions
vous	vous assiériez
ils	s'assiéraient

Passé
je	me serais	assis
tu	te serais	assis
il	se serait	assis
nous	nous serions	assis
vous	vous seriez	assis
ils	se seraient	assis

Participe

Présent
s'asseyant

Passé
assis(e)

Gérondif
en s'asseyant

Impératif
assieds-**toi**
asseyons-**nous**
asseyez-**vous**

Infinitif
passé
s'être assis

s'asseoir *sich hinsetzen*

 Anwendungsbeispiele

Asseyez-vous donc ! *Setzen Sie sich doch!*
Je **vais m'asseoir dans** ce fauteuil. *Ich werde mich in diesen Sessel setzen.*
Les enfants **se sont assis par** terre. *Die Kinder haben sich auf den Boden gesetzt.*
Chacun **s'assied à** sa place. *Jeder setzt sich auf seinen Platz.*
Il n'y a rien pour **s'asseoir**. *Man kann sich nirgendwo hinsetzen.*
Je l'**ai fait asseoir**. *Ich habe ihm einen Stuhl angeboten.*

 Witz

Deux anges s'entretiennent dans le ciel.
Le premier demande : « Quel temps fera-t-il demain ? »
Le second répond : « Nuageux. »
« Ah, tant mieux » conclut le premier, « on pourra enfin **s'asseoir** ! »

 Andere Verben

se lever *aufstehen*
s'allonger *sich hinlegen*

 Gebrauch

Wie alle französischen reflexiven Verben bildet s'asseoir die zusammengesetzten Zeiten mit dem Hilfsverb être (▷ Grammatik rund ums Verb, **1.3**):
Il **s'étaient assis** en tailleur sur le tapis. *Sie hatten sich im Schneidersitz auf den Teppich gesetzt.*
Das Verb s'asseoir hat außer im Passé simple, im Subjonctif imparfait, Participe passé und in den zusammengesetzten Zeiten eine zweite Konjugationsform auf -ssoi (**je m'assois, tu t'assois, il s'assoit, ils s'assoient**) bzw. -ssoy (**nous nous assoyons, vous vous assoyez**). Im Allgemeinen wird diese zweite Konjugation seltener verwendet und gehört eher der gesprochenen bzw. Umgangssprache an. Die drei Singularformen **je m'assois, tu t'assois, il s'assoit** im Indicatif présent sind jedoch geläufig.

Passiv

 être présenté *vorgestellt werden* Musterkonjugation; Passiv

Indicatif

Présent
je	suis	présenté
tu	es	présenté
il	est	présenté
nous	sommes	présentés
vous	êtes	présentés
ils	sont	présentés

Passé composé
j'	ai	été	présenté
tu	as	été	présenté
il	a	été	présenté
nous	avons	été	présentés
vous	avez	été	présentés
ils	ont	été	présentés

Imparfait
j'	étais	présenté
tu	étais	présenté
il	était	présenté
nous	étions	présentés
vous	étiez	présentés
ils	étaient	présentés

Plus-que-parfait
j'	avais	été	présenté
tu	avais	été	présenté
il	avait	été	présenté
nous	avions	été	présentés
vous	aviez	été	présentés
ils	avaient	été	présentés

Passé simple
je	fus	présenté
tu	fus	présenté
il	fut	présenté
nous	fûmes	présentés
vous	fûtes	présentés
ils	furent	présentés

Passé antérieur
j'	eus	été	présenté
tu	eus	été	présenté
il	eut	été	présenté
nous	eûmes	été	présentés
vous	eûtes	été	présentés
ils	eurent	été	présentés

Futur simple
je	serai	présenté
tu	seras	présenté
il	sera	présenté
nous	serons	présentés
vous	serez	présentés
ils	seront	présentés

Futur antérieur
j'	aurai	été	présenté
tu	auras	été	présenté
il	aura	été	présenté
nous	aurons	été	présentés
vous	aurez	été	présentés
ils	auront	été	présentés

Conditionnel

Présent
je	serais	présenté
tu	serais	présenté
il	serait	présenté
nous	serions	présentés
vous	seriez	présentés
ils	seraient	présentés

Passé
j'	aurais	été	présenté
tu	aurais	été	présenté
il	aurait	été	présenté
nous	aurions	été	présentés
vous	auriez	été	présentés
ils	auraient	été	présentés

Subjonctif

Présent
que je	sois	présenté
que tu	sois	présenté
qu' il	soit	présenté
que nous	soyons	présentés
que vous	soyez	présentés
qu' ils	soient	présentés

Imparfait
que je	fusse	présenté
que tu	fusses	présenté
qu' il	fût	présenté
que nous	fussions	présentés
que vous	fussiez	présentés
qu' ils	fussent	présentés

Passé
que j'	aie	été	présenté
que tu	aies	été	présenté
qu' il	ait	été	présenté
que nous	ayons	été	présentés
que vous	ayez	été	présentés
qu' ils	aient	été	présentés

Plus-que-parfait
que j'	eusse	été	présenté
que tu	eusses	été	présenté
qu' il	eût	été	présenté
que nous	eussions	été	présentés
que vous	eussiez	été	présentés
qu' ils	eussent	été	présentés

Participe

Présent
étant présenté

Passé
ayant été présenté(e)

Gérondif
en étant présenté

Impératif
sois présenté
soyons présentés
soyez présentés

Infinitif
passé
avoir été présenté

être présenté *vorgestellt werden*

 Anwendungsbeispiele
Cet artiste m'**a été présenté par** mon frère. *Dieser Künstler **wurde** mir **von** meinem Bruder **vorgestellt**.*
Ce film **sera présenté au** festival de Cannes. *Dieser Film **wird auf dem** Festival in Cannes **vorgestellt**.*
Les nouveaux modèles **ont été présentés au** défilé. *Die neuen Modelle **sind auf der Modenschau präsentiert worden**.*
Les informations **sont présentées par** une nouvelle journaliste. *Die Nachrichten **werden von** einer neuen Journalistin **moderiert**.*
Cette actrice **a** longtemps **été présentée dans** la presse **comme** une star. *Diese Schauspielerin **galt in** der Presse lange **als** Star.*

 Witz
Un homme va dans un magasin à la recherche d'un lit très solide.
Plusieurs modèles lui **sont présentés**. Le vendeur fort étonné lui dit :
« Pourtant, vous n'êtes pas si gros, monsieur. »
« Non », répond-il « mais j'ai le sommeil lourd ! »

 Ähnliche Verben
être montré *gezeigt werden*
être exposé *gezeigt/dargelegt werden*
être expliqué *erklärt werden*
être développé *ausgeführt werden*
être décrit *beschrieben werden*

 Gebrauch
Das Passiv wird im Französischen mit dem Hilfsverb être gebildet. Der Urheber der Handlung wird meistens mit der Präposition par angeführt (▶ Grammatik rund ums Verb, ❽):
Ce rapport **a été présenté** hier **par** la direction. *Dieser Bericht **wurde** gestern **vom** Vorstand **präsentiert**.*

1. Gruppe

(5) parler *sprechen*

Musterkonjugation;
Regelmäßiges Verb der 1. Gruppe auf **-er**

Indicatif

Présent

je	parle
tu	parles
il	parle
nous	parlons
vous	parlez
ils	parlent

Passé composé

j'	ai	parlé
tu	as	parlé
il	a	parlé
nous	avons	parlé
vous	avez	parlé
ils	ont	parlé

Imparfait

je	parlais
tu	parlais
il	parlait
nous	parlions
vous	parliez
ils	parlaient

Plus-que-parfait

j'	avais	parlé
tu	avais	parlé
il	avait	parlé
nous	avions	parlé
vous	aviez	parlé
ils	avaient	parlé

Passé simple

je	parlai
tu	parlas
il	parla
nous	parlâmes
vous	parlâtes
ils	parlèrent

Passé antérieur

j'	eus	parlé
tu	eus	parlé
il	eut	parlé
nous	eûmes	parlé
vous	eûtes	parlé
ils	eurent	parlé

Futur simple

je	parlerai
tu	parleras
il	parlera
nous	parlerons
vous	parlerez
ils	parleront

Futur antérieur

j'	aurai	parlé
tu	auras	parlé
il	aura	parlé
nous	aurons	parlé
vous	aurez	parlé
ils	auront	parlé

Conditionnel

Présent

je	parlerais
tu	parlerais
il	parlerait
nous	parlerions
vous	parleriez
ils	parleraient

Passé

j'	aurais	parlé
tu	aurais	parlé
il	aurait	parlé
nous	aurions	parlé
vous	auriez	parlé
ils	auraient	parlé

Subjonctif

Présent

que je	parle
que tu	parles
qu' il	parle
que nous	parlions
que vous	parliez
qu' ils	parlent

Imparfait

que je	parlasse
que tu	parlasses
qu' il	parlât
que nous	parlassions
que vous	parlassiez
qu' ils	parlassent

Passé

que j'	aie	parlé
que tu	aies	parlé
qu' il	ait	parlé
que nous	ayons	parlé
que vous	ayez	parlé
qu' ils	aient	parlé

Plus-que-parfait

que j'	eusse	parlé
que tu	eusses	parlé
qu' il	eût	parlé
que nous	eussions	parlé
que vous	eussiez	parlé
qu' ils	eussent	parlé

Participe

Présent

parlant

Passé

parlé(e)

Gérondif

en parlant

Impératif

parle
parlons
parlez

Infinitif passé

avoir parlé

parler *sprechen*

 Anwendungsbeispiele

Nous **avons parlé** longuement. *Wir haben uns lange unterhalten.*
J'**ai parlé** à Vincent. *Ich habe mit Vincent gesprochen.*
Il n'ose pas lui **parler**. *Er traut sich nicht, mit ihr zu reden.*
Elle voulait te **parler de** son travail/ses enfants. *Sie wollte dir von ihrer Arbeit/ihren Kindern erzählen.*
Vous **parlez** français ? *Sprechen Sie Französisch?*
Ils ne **se parlent** plus. *Sie sprechen nicht mehr miteinander.*
Parlons peu mais parlons bien ! *Fassen wir uns kurz!*
Tu **parles** ! *Von wegen!*

 Redewendungen

parler politique *politisieren*
parler métier *fachsimpeln*
parler anglais *Englisch sprechen*
parler pour ne rien dire *reden um des Redens willen*
parler de la pluie et du beau temps *von Gott und der Welt erzählen*
venir à parler de qc. *auf etw. zu sprechen kommen*

 Ähnliche Verben

dire *sagen*
bavarder *schwatzen/plaudern*
discuter *sich unterhalten*
s'exprimer *sich ausdrücken*
mentionner *erwähnen*

 Gebrauch

Das Verb parler steht hier als Musterkonjugation für die regelmäßigen Verben der 1. Gruppe auf -er (▷ Grammatik rund ums Verb, **1.1**). Da die meisten französischen Verben der 1. Gruppe angehören, lohnt es sich, diese Konjugationen gründlich zu erlernen!

2. Gruppe

finir *beenden*

Musterkonjugation;
Regelmäßiges Verb der 2. Gruppe auf **-ir**

Indicatif

Présent
je	fin**is**
tu	fin**is**
il	fin**it**
nous	fin**issons**
vous	fin**issez**
ils	fin**issent**

Imparfait
je	fin**issais**
tu	fin**issais**
il	fin**issait**
nous	fin**issions**
vous	fin**issiez**
ils	fin**issaient**

Passé simple
je	fin**is**
tu	fin**is**
il	fin**it**
nous	fin**îmes**
vous	fin**îtes**
ils	fin**irent**

Futur simple
je	fin**irai**
tu	fin**iras**
il	fin**ira**
nous	fin**irons**
vous	fin**irez**
ils	fin**iront**

Passé composé
j'	ai	fini
tu	as	fini
il	a	fini
nous	avons	fini
vous	avez	fini
ils	ont	fini

Plus-que-parfait
j'	avais	fini
tu	avais	fini
il	avait	fini
nous	avions	fini
vous	aviez	fini
ils	avaient	fini

Passé antérieur
j'	eus	fini
tu	eus	fini
il	eut	fini
nous	eûmes	fini
vous	eûtes	fini
ils	eurent	fini

Futur antérieur
j'	aurai	fini
tu	auras	fini
il	aura	fini
nous	aurons	fini
vous	aurez	fini
ils	auront	fini

Subjonctif

Présent
que je	fin**isse**
que tu	fin**isses**
qu' il	fin**isse**
que nous	fin**issions**
que vous	fin**issiez**
qu' ils	fin**issent**

Imparfait
que je	fin**isse**
que tu	fin**isses**
qu' il	fin**ît**
que nous	fin**issions**
que vous	fin**issiez**
qu' ils	fin**issent**

Passé
que j'	aie	fini
que tu	aies	fini
qu' il	ait	fini
que nous	ayons	fini
que vous	ayez	fini
qu' ils	aient	fini

Plus-que-parfait
que j'	eusse	fini
que tu	eusses	fini
qu' il	eût	fini
que nous	eussions	fini
que vous	eussiez	fini
qu' ils	eussent	fini

Conditionnel

Présent
je	fin**irais**
tu	fin**irais**
il	fin**irait**
nous	fin**irions**
vous	fin**iriez**
ils	fin**iraient**

Passé
j'	aurais	fini
tu	aurais	fini
il	aurait	fini
nous	aurions	fini
vous	auriez	fini
ils	auraient	fini

Participe

Présent
fin**issant**

Passé
fini(e)

Gérondif
en finissant

Impératif
fin**is**
fin**issons**
fin**issez**

Infinitif
passé
avoir fini

finir *beenden*

 Anwendungsbeispiele

Les enfants n'**ont** pas **fini de** faire leurs devoirs. *Die Kinder haben ihre Hausaufgaben noch nicht zu Ende gemacht.*
Elle **a fini par** accepter. *Schließlich hat sie doch akzeptiert.*
Il **a fini comme** directeur. *Schließlich ist er Direktor geworden.*
Il **n'en finit pas de** se préparer. *Er findet kein Ende bei seinen Vorbereitungen.*
J'en **ai fini avec** lui. *Ich bin mit ihm fertig.*
Tu **as fini**, oui ? *Hörst du endlich auf?*
Finissons-en ! *Lasst uns zum Ende kommen!*
Ce discours **n'en finit pas**. *Diese Rede nimmt kein Ende.*

 Redewendungen

finir dans la misère *in Armut sterben*
finir bien/mal *gut/schlecht ausgehen*
mal finir *ein schlimmes Ende nehmen*
finir ses jours à la campagne *seinen Lebensabend auf dem Land verbringen*
finir de boire/manger *fertig trinken/essen*

 Ähnliche Verben

achever *beenden*   définir *beschreiben/festlegen*
terminer *beenden*
arrêter *aufhören*
cesser *aufhören*

 Aufgepasst!

Als Musterverb der 2. Gruppe auf -ir endet finir in der 1. Person des Indicatif présent auf -is und im Participe présent auf -issant (▷ Grammatik rund ums Verb, **1.1**).
Achten Sie bitte auch auf die Stammänderung -iss in einigen konjugierten Formen:
Il faut que je fin**iss**e mon travail. *Ich muss meine Arbeit fertig machen.*

 Tipps & Tricks

Die Verben **avertir** *warnen*, **éblouir** *blenden*, **fournir** *versorgen*, **investir** *investieren*, **nourrir** *ernähren/füttern*, **punir** *bestrafen* und **réagir** *reagieren* haben das gleiche Konjugationsmuster (▷ Alphabetische Verbliste).

3. Gruppe

⑦ courir *laufen*

Musterkonjugation;
Unregelmäßiges Verb der 3. Gruppe auf -ir

Indicatif

Présent
je	cours
tu	cours
il	court
nous	courons
vous	courez
ils	courent

Imparfait
je	courais
tu	courais
il	courait
nous	courions
vous	couriez
ils	couraient

Passé simple
je	courus
tu	courus
il	courut
nous	courûmes
vous	courûtes
ils	coururent

Futur simple
je	courrai
tu	courras
il	courra
nous	courrons
vous	courrez
ils	courront

Conditionnel

Présent
je	courrais
tu	courrais
il	courrait
nous	courrions
vous	courriez
ils	courraient

Passé composé
j'	ai	couru
tu	as	couru
il	a	couru
nous	avons	couru
vous	avez	couru
ils	ont	couru

Plus-que-parfait
j'	avais	couru
tu	avais	couru
il	avait	couru
nous	avions	couru
vous	aviez	couru
ils	avaient	couru

Passé antérieur
j'	eus	couru
tu	eus	couru
il	eut	couru
nous	eûmes	couru
vous	eûtes	couru
ils	eurent	couru

Futur antérieur
j'	aurai	couru
tu	auras	couru
il	aura	couru
nous	aurons	couru
vous	aurez	couru
ils	auront	couru

Passé
j'	aurais	couru
tu	aurais	couru
il	aurait	couru
nous	aurions	couru
vous	auriez	couru
ils	auraient	couru

Subjonctif

Présent
que je	coure
que tu	coures
qu'il	coure
que nous	courions
que vous	couriez
qu'ils	courent

Imparfait
que je	courusse
que tu	courusses
qu'il	courût
que nous	courussions
que vous	courussiez
qu'ils	courussent

Passé
que j'	aie	couru
que tu	aies	couru
qu'il	ait	couru
que nous	ayons	couru
que vous	ayez	couru
qu'ils	aient	couru

Plus-que-parfait
que j'	eusse	couru
que tu	eusses	couru
qu'il	eût	couru
que nous	eussions	couru
que vous	eussiez	couru
qu'ils	eussent	couru

Participe

Présent
courant

Passé
couru(e)

Gérondif
en courant

Impératif
cours
courons
courez

Infinitif
passé
avoir couru

courir *laufen*

 Anwendungsbeispiele

Paul **court au devant** de sa mère. *Paul läuft vor seiner Mutter her.*
Je **cours à** la pharmacie. *Ich gehe schnell zur Apotheke.*
Il **court** chercher du pain. *Er geht schnell Brot holen.*
Elle prend toujours son petit-déjeuner **en courant**. *Sie frühstückt immer in Eile.*
Le voleur **court** toujours. *Der Dieb läuft immer noch frei rum.*
Les enfants **se courent après** dans la cour de l'école. *Die Kinder rennen im Schulhof hintereinander her.*
Le bruit **court qu'**il y aurait bientôt des licenciements. *Es heißt, dass es bald Entlassungen geben wird.*

 Sprichwörter

Il faut hurler avec les loups, si l'on veut **courir** avec eux. *Man muss mit den Wölfen heulen.*
Il ne faut pas **courir** deux lièvres à la fois. *Man kann nicht auf zwei Hochzeiten gleichzeitig tanzen.*
Il vaut mieux tenir que **courir**. *Besitz ist besser als Hoffnung.*

 Ähnliche Verben

filer *losgehen/schnell gehen*
se dépêcher *sich beeilen*
se hâter *sich beeilen*
se propager *im Umlauf sein*

accourir *angelaufen kommen*
parcourir *durchlaufen*
recourir *anwenden/zurückgreifen*
secourir *zu Hilfe kommen*

 Gebrauch

Das Verb courir steht hier als Musterkonjugation der unregelmäßigen Verben der 3. Gruppe auf -ir ohne Stammänderung (▷ Grammatik rund ums Verb, **1.1**).
Achten Sie bitte darauf, dass courir in den zusammengesetzten Zeiten mit dem Hilfsverb avoir gebildet wird:
Elle **a couru** à toute vitesse. *Sie ist sehr schnell gelaufen.*

 Tipps & Tricks

Die Verben accourir *angelaufen kommen*, encourir *sich aussetzen*, parcourir *durchlaufen*, recourir *anwenden* und secourir *zu Hilfe kommen* haben das gleiche Konjugationsmuster (▷ Alphabetische Verbliste).

3. Gruppe

⑧ rompre *brechen*

Musterkonjugation;
Unregelmäßiges Verb der 3. Gruppe auf -re

Indicatif

Présent

je	romps
tu	romps
il	rompt
nous	rompons
vous	rompez
ils	rompent

Passé composé

j'	ai	rompu
tu	as	rompu
il	a	rompu
nous	avons	rompu
vous	avez	rompu
ils	ont	rompu

Imparfait

je	rompais
tu	rompais
il	rompait
nous	rompions
vous	rompiez
ils	rompaient

Plus-que-parfait

j'	avais	rompu
tu	avais	rompu
il	avait	rompu
nous	avions	rompu
vous	aviez	rompu
ils	avaient	rompu

Passé simple

je	rompis
tu	rompis
il	rompit
nous	rompîmes
vous	rompîtes
ils	rompirent

Passé antérieur

j'	eus	rompu
tu	eus	rompu
il	eut	rompu
nous	eûmes	rompu
vous	eûtes	rompu
ils	eurent	rompu

Futur simple

je	romprai
tu	rompras
il	rompra
nous	romprons
vous	romprez
ils	rompront

Futur antérieur

j'	aurai	rompu
tu	auras	rompu
il	aura	rompu
nous	aurons	rompu
vous	aurez	rompu
ils	auront	rompu

Conditionnel

Présent

je	romprais
tu	romprais
il	romprait
nous	romprions
vous	rompriez
ils	rompraient

Passé

j'	aurais	rompu
tu	aurais	rompu
il	aurait	rompu
nous	aurions	rompu
vous	auriez	rompu
ils	auraient	rompu

Subjonctif

Présent

que je	rompe
que tu	rompes
qu' il	rompe
que nous	rompions
que vous	rompiez
qu' ils	rompent

Imparfait

que je	rompisse
que tu	rompisses
qu' il	rompît
que nous	rompissions
que vous	rompissiez
qu' ils	rompissent

Passé

que j'	aie	rompu
que tu	aies	rompu
qu' il	ait	rompu
que nous	ayons	rompu
que vous	ayez	rompu
qu' ils	aient	rompu

Plus-que-parfait

que j'	eusse	rompu
que tu	eusses	rompu
qu' il	eût	rompu
que nous	eussions	rompu
que vous	eussiez	rompu
qu' ils	eussent	rompu

Participe

Présent

rompant

Passé

rompu(e)

Gérondif

en rompant

Impératif

romps
rompons
rompez

Infinitif
passé

avoir rompu

rompre *brechen*

 Anwendungsbeispiele
Un coup de vent **a rompu** le mat du bateau. *Ein Windstoß* **hat** *den Mast des Bootes* **gebrochen.**
La branche du vieil arbre **a rompu.** *Der Ast des alten Baums ist abgebrochen.*
La corde **s'était rompue.** *Das Seil* **war** *gerissen.*
Il **a rompu** ses fiançailles. *Er* **hat** *seine Verlobung* **aufgelöst.**
Guillaume **a rompu avec** Julie. *Guillaume* **hat** *mit Julie* **Schluss gemacht.**
Ce pays **a rompu** ses relations diplomatiques **avec** la France. *Dieses Land* **hat** *seine diplomatischen Beziehungen mit Frankreich* **abgebrochen.**
Son mari **est rompu aux** affaires. *Ihr Mann* **ist** *besonders geschäftstüchtig.*

 Redewendungen
rompre la glace *das Eis brechen*
rompre le silence *das Schweigen brechen*
rompre avec son passé *unter seine Vergangenheit einen Strich ziehen*
applaudir à tout rompre *tosenden Beifall spenden*
se rompre le cou *sich den Hals brechen*
rompre à l'amiable *im Guten auseinandergehen*

 Ähnliche Verben
briser *zerbrechen*
casser *zerbrechen*
annuler *absagen*
se quitter *sich verlassen*
se séparer *sich trennen*

interrompre *unterbrechen*
corrompre *bestechen*

 Gebrauch
Das Verb rompre steht hier als Musterkonjugation für die unregelmäßigen Verben der 3. Gruppe auf -re (▷ Grammatik rund ums Verb, **1.1**). Anders als rendre wird rompre in der 3. Person Singular mit einem unhörbaren -t geschrieben:
Elle romp**t**. *Sie bricht.*

! **Tipps & Tricks**
Die Verben corrompre *bestechen* und interrompre *unterbrechen* werden nach dem gleichen Konjugationsmuster konjugiert (▷ Alphabetische Verbliste).

3. Gruppe

9 savoir *wissen*

Musterkonjugation;
Unregelmäßiges Verb der 3. Gruppe auf **-oir**

Indicatif

Présent
je	sais
tu	sais
il	sait
nous	savons
vous	savez
ils	savent

Imparfait
je	savais
tu	savais
il	savait
nous	savions
vous	saviez
ils	savaient

Passé simple
je	sus
tu	sus
il	sut
nous	sûmes
vous	sûtes
ils	surent

Futur simple
je	saurai
tu	sauras
il	saura
nous	saurons
vous	saurez
ils	sauront

Passé composé
j'	ai	su
tu	as	su
il	a	su
nous	avons	su
vous	avez	su
ils	ont	su

Plus-que-parfait
j'	avais	su
tu	avais	su
il	avait	su
nous	avions	su
vous	aviez	su
ils	avaient	su

Passé antérieur
j'	eus	su
tu	eus	su
il	eut	su
nous	eûmes	su
vous	eûtes	su
ils	eurent	su

Futur antérieur
j'	aurai	su
tu	auras	su
il	aura	su
nous	aurons	su
vous	aurez	su
ils	auront	su

Subjonctif

Présent
que je	sache
que tu	saches
qu'il	sache
que nous	sachions
que vous	sachiez
qu'ils	sachent

Imparfait
que je	susse
que tu	susses
qu'il	sût
que nous	sussions
que vous	sussiez
qu'ils	sussent

Passé
que j'	aie	su
que tu	aies	su
qu'il	ait	su
que nous	ayons	su
que vous	ayez	su
qu'ils	aient	su

Plus-que-parfait
que j'	eusse	su
que tu	eusses	su
qu'il	eût	su
que nous	eussions	su
que vous	eussiez	su
qu'ils	eussent	su

Conditionnel

Présent
je	saurais
tu	saurais
il	saurait
nous	saurions
vous	sauriez
ils	sauraient

Passé
j'	aurais	su
tu	aurais	su
il	aurait	su
nous	aurions	su
vous	auriez	su
ils	auraient	su

Participe

Présent
sachant

Passé
su(e)

Gérondif
en sachant

Impératif
sache
sachons
sachez

Infinitif
passé
avoir su

savoir *wissen*

 Anwendungsbeispiele

Je ne **sais** pas ton nom. *Ich **kenne** deinen Namen nicht.*
A cinq ans, il **savait** déjà lire. *Mit fünf **konnte** er schon lesen.*
Tu **sais bien que** je n'aime pas le poisson. *Du **weißt** doch, **dass** ich keinen Fisch mag.*
Savez-vous où j'habite ? *Wissen Sie, wo ich wohne?*
Elle n'**en sait** rien. *Davon weiß sie nichts.*
Elle **ne sait pas** jouer au tennis. *Sie **kann nicht** Tennis spielen.*
Vous me ferez **savoir** si vous pouvez venir. *Lassen Sie mich bitte **wissen**, ob Sie kommen können.*
Que je **sache**, ce n'est pas lui qui décide. *Soweit ich **weiß**, entscheidet nicht er.*
Il **se sait** malade. *Er **weiß, dass** er krank ist.*
Ici, tout **se sait**. *Hier weiß jeder alles.*

 Witz

Deux charmants asticots se retrouvent dans une pomme. L'un aborde l'autre : « Tiens, je ne **savais** pas que vous habitiez le quartier ! »

Maden — *sich nähern*

 Ähnliche Verben

connaître *kennen*
apprendre *erfahren/lernen*
pouvoir *können*
être capable de faire qc. *befähigt sein, etw. zu tun*

 Gebrauch

Mit savoir lernen Sie die Konjugation der Verben der 3. Gruppe auf -oir, wobei diese Verben besonders unregelmäßige Formen aufweisen (▷ Grammatik rund ums Verb, **1.1**).
Beachten Sie bitte, dass savoir que mit dem Indikativ gebildet wird:
Je **sais que** tu **es** heureux. *Ich **weiß, dass** du glücklich **bist**.*

 Tipps & Tricks

Zur gleichen Wortfamilie gehören auch le savoir *das Wissen*, le savant *der Gelehrte*, le savoir-vivre *die Lebensart*, le savoir-faire *das Know-how*.

1. Gruppe

acheter *kaufen*

-e → -è vor stummer Silbe

Indicatif

Présent
j'	achète
tu	achètes
il	achète
nous	achetons
vous	achetez
ils	achètent

Passé composé
j'	ai	acheté
tu	as	acheté
il	a	acheté
nous	avons	acheté
vous	avez	acheté
ils	ont	acheté

Imparfait
j'	achetais
tu	achetais
il	achetait
nous	achetions
vous	achetiez
ils	achetaient

Plus-que-parfait
j'	avais	acheté
tu	avais	acheté
il	avait	acheté
nous	avions	acheté
vous	aviez	acheté
ils	avaient	acheté

Passé simple
j'	achetai
tu	achetas
il	acheta
nous	achetâmes
vous	achetâtes
ils	achetèrent

Passé antérieur
j'	eus	acheté
tu	eus	acheté
il	eut	acheté
nous	eûmes	acheté
vous	eûtes	acheté
ils	eurent	acheté

Futur simple
j'	achèterai
tu	achèteras
il	achètera
nous	achèterons
vous	achèterez
ils	achèteront

Futur antérieur
j'	aurai	acheté
tu	auras	acheté
il	aura	acheté
nous	aurons	acheté
vous	aurez	acheté
ils	auront	acheté

Conditionnel

Présent
j'	achèterais
tu	achèterais
il	achèterait
nous	achèterions
vous	achèteriez
ils	achèteraient

Passé
j'	aurais	acheté
tu	aurais	acheté
il	aurait	acheté
nous	aurions	acheté
vous	auriez	acheté
ils	auraient	acheté

Subjonctif

Présent
que j'	achète
que tu	achètes
qu' il	achète
que nous	achetions
que vous	achetiez
qu' ils	achètent

Imparfait
que j'	achetasse
que tu	achetasses
qu' il	achetât
que nous	achetassions
que vous	achetassiez
qu' ils	achetassent

Passé
que j'	aie	acheté
que tu	aies	acheté
qu' il	ait	acheté
que nous	ayons	acheté
que vous	ayez	acheté
qu' ils	aient	acheté

Plus-que-parfait
que j'	eusse	acheté
que tu	eusses	acheté
qu' il	eût	acheté
que nous	eussions	acheté
que vous	eussiez	acheté
qu' ils	eussent	acheté

Participe

Présent
achetant

Passé
acheté(e)

Gérondif
en achetant

Impératif
achète
achetons
achetez

Infinitif
passé
avoir acheté

acheter kaufen

 Anwendungsbeispiele
J'**ai acheté** des soles à la poissonnerie. *Ich habe Seezungen im Fischgeschäft gekauft.*
Il **a acheté** des fleurs à Clémence. *Er hat Clémence Blumen gekauft.*
Ils **se sont acheté** un appartement. *Sie haben sich eine Wohnung gekauft.*
Combien l'**as**-tu **acheté** ? *Wie viel hast du dafür bezahlt?*
Nous lui **avons acheté** sa voiture. *Wir haben ihm sein Auto gekauft.*
Avec de l'argent, tout **s'achète**. *Mit Geld kann man alles kaufen.*

 Redewendungen
(ne pas) se laisser acheter *sich (nicht) kaufen lassen*
acheter le silence de qn. *sich von jdm. das Schweigen erkaufen*
acheter des témoins *Zeugen bestechen*
s'acheter une voiture *sich ein Auto anschaffen*
acheter comptant *bar bezahlen*

 Ähnliche Verben
acquérir *erwerben*   racheter *wiederkaufen*
payer *bezahlen*
corrompre *bestechen*
faire des achats *einkaufen*
faire des courses *einkaufen*

 Aufgepasst!
Achten Sie bitte auf den Wechsel des Vokals von -e zu -è vor einer stummen Silbe:
Si nous avions assez d'argent, nous ach**è**terions un bateau. *Wenn wir genug Geld hätten, würden wir ein Boot kaufen.*
Ach**è**te-toi cette robe si elle te plaît ! *Kauf dir dieses Kleid, wenn es dir gefällt!*
Demain, j'ach**è**terai des fruits au marché. *Morgen werde ich auf dem Markt Obst kaufen.*

 Tipps & Tricks
Die Verben haleter *keuchen*, achever *beenden*, lever *heben*, amener *bringen*, enlever *wegnehmen*, geler *frieren* und peser *wiegen* haben das gleiche Konjugationsmuster (▷ Alphabetische Verbliste).

3. Gruppe

(11) acquérir *erwerben*

Indicatif

Présent
j'	acquiers
tu	acquiers
il	acquiert
nous	acquérons
vous	acquérez
ils	acquièrent

Passé composé
j'	ai	acquis
tu	as	acquis
il	a	acquis
nous	avons	acquis
vous	avez	acquis
ils	ont	acquis

Imparfait
j'	acquérais
tu	acquérais
il	acquérait
nous	acquérions
vous	acquériez
ils	acquéraient

Plus-que-parfait
j'	avais	acquis
tu	avais	acquis
il	avait	acquis
nous	avions	acquis
vous	aviez	acquis
ils	avaient	acquis

Passé simple
j'	acquis
tu	acquis
il	acquit
nous	acquîmes
vous	acquîtes
ils	acquirent

Passé antérieur
j'	eus	acquis
tu	eus	acquis
il	eut	acquis
nous	eûmes	acquis
vous	eûtes	acquis
ils	eurent	acquis

Futur simple
j'	acquerrai
tu	acquerras
il	acquerra
nous	acquerrons
vous	acquerrez
ils	acquerront

Futur antérieur
j'	aurai	acquis
tu	auras	acquis
il	aura	acquis
nous	aurons	acquis
vous	aurez	acquis
ils	auront	acquis

Conditionnel

Présent
j'	acquerrais
tu	acquerrais
il	acquerrait
nous	acquerrions
vous	acquerriez
ils	acquerraient

Passé
j'	aurais	acquis
tu	aurais	acquis
il	aurait	acquis
nous	aurions	acquis
vous	auriez	acquis
ils	auraient	acquis

Subjonctif

Présent
que j'	acquière
que tu	acquières
qu' il	acquière
que nous	acquérions
que vous	acquériez
qu' ils	acquièrent

Imparfait
que j'	acquisse
que tu	acquisses
qu' il	acquît
que nous	acquissions
que vous	acquissiez
qu' ils	acquissent

Passé
que j'	aie	acquis
que tu	aies	acquis
qu' il	ait	acquis
que nous	ayons	acquis
que vous	ayez	acquis
qu' ils	aient	acquis

Plus-que-parfait
que j'	eusse	acquis
que tu	eusses	acquis
qu' il	eût	acquis
que nous	eussions	acquis
que vous	eussiez	acquis
qu' ils	eussent	acquis

Participe

Présent
acquérant

Passé
acquis(e)

Gérondif
en acquérant

Impératif
acquiers
acquérons
acquérez

Infinitif
passé
avoir acquis

56

acquérir *erwerben*

 Anwendungsbeispiele

Mes parents **ont acquis** une jolie maison à la campagne. *Meine Eltern* **haben** *ein hübsches Haus auf dem Land* **gekauft**.
Nous **avons acquis** ce terrain par héritage. *Wir* **haben** *dieses Grundstück* **geerbt**.
La sagesse **s'acquiert avec** l'âge. *Mit dem Alter* **kommt** *die Weisheit*.
Il a réussi à **s'acquérir** son amitié. *Es ist ihm gelungen, seine Freundschaft zu gewinnen*.

 Redewendungen

acquérir de l'expérience/des connaissances *Erfahrung sammeln/Erkenntnis gewinnen*
acquérir la certitude que … *Gewissheit erlangen, dass …*
acquérir une habitude *zur Gewohnheit haben*
acquérir de la valeur *an Wert gewinnen*
s'acquérir qc. *etw. erwerben/sich etw. sichern*
être acquis à qn. *jdm. zustehen*

 Andere Verben

céder *abgeben*
vendre *verkaufen*
perdre *verlieren*

 Aufgepasst!

Achten Sie bitte auf die Stammänderung im Indicatif présent und Subjonctif présent:
Il **acquiert** beaucoup d'expérience. *Er* **sammelt** *viel Erfahrung*.
Il se peut qu'elle **acquière** un nouvel ordinateur. *Sie* **wird** *möglicherweise einen neuen Computer* **anschaffen**.
Vergessen Sie auch nicht die Schreibweise mit -err im Futur simple und im Conditionnel présent!
Avec le temps tu acqu**err**as l'habitude de te lever tôt. *Mit der Zeit* **wirst** *du* **dich daran gewöhnen**, *früh aufzustehen*.

 Tipps & Tricks

Lernen Sie auch gleich noch ein paar Wörter der gleichen Wortfamilie mit:
l'acquisition *der Erwerb/die Errungenschaft* und acquis *erworben/gesichert*.

conquérir

3. Gruppe

(12) aller *gehen*

Vollverb und Modalverb

Indicatif

Présent

je	vais
tu	vas
il	va
nous	allons
vous	allez
ils	vont

Passé composé

je	suis	allé
tu	es	allé
il	est	allé
nous	sommes	allés
vous	êtes	allés
ils	sont	allés

Imparfait

j'	allais
tu	allais
il	allait
nous	allions
vous	alliez
ils	allaient

Plus-que-parfait

j'	étais	allé
tu	étais	allé
il	était	allé
nous	étions	allés
vous	étiez	allés
ils	étaient	allés

Passé simple

j'	allai
tu	allas
il	alla
nous	allâmes
vous	allâtes
ils	allèrent

Passé antérieur

je	fus	allé
tu	fus	allé
il	fut	allé
nous	fûmes	allés
vous	fûtes	allés
ils	furent	allés

Futur simple

j'	irai
tu	iras
il	ira
nous	irons
vous	irez
ils	iront

Futur antérieur

je	serai	allé
tu	seras	allé
il	sera	allé
nous	serons	allés
vous	serez	allés
ils	seront	allés

Conditionnel

Présent

j'	irais
tu	irais
il	irait
nous	irions
vous	iriez
ils	iraient

Passé

je	serais	allé
tu	serais	allé
il	serait	allé
nous	serions	allés
vous	seriez	allés
ils	seraient	allés

Subjonctif

Présent

que j'	aille
que tu	ailles
qu' il	aille
que nous	allions
que vous	alliez
qu' ils	aillent

Imparfait

que j'	allasse
que tu	allasses
qu' il	allât
que nous	allassions
que vous	allassiez
qu' ils	allassent

Passé

que je	sois	allé
que tu	sois	allé
qu' il	soit	allé
que nous	soyons	allés
que vous	soyez	allés
qu' ils	soient	allés

Plus-que-parfait

que je	fusse	allé
que tu	fusses	allé
qu' il	fût	allé
que nous	fussions	allés
que vous	fussiez	allés
qu' ils	fussent	allés

Participe

Présent

allant

Passé

allé(e)

Gérondif

en allant

Impératif

va
allons
allez

Infinitif passé

être allé

aller *gehen*

 Anwendungsbeispiele
Je **vais à** la boulangerie. *Ich **gehe zur** Bäckerei.*
On y **va en** métro ? *Fahren wir **mit** der U-Bahn hin?*
C'est la route qui **va au** village. *Das ist die Straße **zum** Dorf.*
Vas-y ! *Geh schon!*
Elle **va travailler** en voiture. *Sie **fährt** mit dem Auto **zur** Arbeit.*
Il **s'en vont** bientôt. *Sie **gehen** bald **(weg)**.*
Comment **allez**-vous ? Ça **va**, merci. *Wie **geht** es Ihnen? Gut, danke.*
Il faut **aller** vite ! *Man muss sich **beeilen!***
Ce costume **lui va** très bien. *Dieser Anzug **steht** ihm sehr gut.*

 Redewendungen
aller à pied *zu Fuss gehen*
aller bien/mal *es geht jdm. gut/schlecht*
aller se promener *spazieren gehen*
aller à la mer/à la montagne *ans Meer/in die Berge fahren*
aller chercher qn. *jdn. abholen*
se laisser aller *sich gehen lassen*
s'en aller *weggehen*

 Ähnliche Verben
se rendre *sich begeben*
mener *führen*

 Gebrauch
Das Verb aller ist unregelmäßig und gehört somit zur 3. Gruppe. In den zusammengesetzten Zeiten wird aller mit dem Hilfsverb être verwendet:
Nous **sommes allés** en Angleterre au mois de juillet. *Wir **sind** im Juli nach England **gefahren**.*
Auch für die Bildung des Futur composé wird aller benötigt:
Demain, je **vais** faire du ski. *Morgen **werde** ich Ski fahren.*

 Tipps & Tricks
Mit aller werden viele verschiedene deutsche Verben wiedergegeben, wie beispielsweise *gehen, fahren, laufen, (gut) stehen* usw.

1. Gruppe

(13) appeler *rufen*

-l → -ll vor stummem -e

Indicatif

Présent
j'	appelle
tu	appelles
il	appelle
nous	appelons
vous	appelez
ils	appellent

Imparfait
j'	appelais
tu	appelais
il	appelait
nous	appelions
vous	appeliez
ils	appelaient

Passé simple
j'	appelai
tu	appelas
il	appela
nous	appelâmes
vous	appelâtes
ils	appelèrent

Futur simple
j'	appellerai
tu	appelleras
il	appellera
nous	appellerons
vous	appellerez
ils	appelleront

Passé composé
j'	ai	appelé
tu	as	appelé
il	a	appelé
nous	avons	appelé
vous	avez	appelé
ils	ont	appelé

Plus-que-parfait
j'	avais	appelé
tu	avais	appelé
il	avait	appelé
nous	avions	appelé
vous	aviez	appelé
ils	avaient	appelé

Passé antérieur
j'	eus	appelé
tu	eus	appelé
il	eut	appelé
nous	eûmes	appelé
vous	eûtes	appelé
ils	eurent	appelé

Futur antérieur
j'	aurai	appelé
tu	auras	appelé
il	aura	appelé
nous	aurons	appelé
vous	aurez	appelé
ils	auront	appelé

Subjonctif

Présent
que j'	appelle
que tu	appelles
qu' il	appelle
que nous	appelions
que vous	appeliez
qu' ils	appellent

Imparfait
que j'	appelasse
que tu	appelasses
qu' il	appelât
que nous	appelassions
que vous	appelassiez
qu' ils	appelassent

Passé
que j'	aie	appelé
que tu	aies	appelé
qu' il	ait	appelé
que nous	ayons	appelé
que vous	ayez	appelé
qu' ils	aient	appelé

Plus-que-parfait
que j'	eusse	appelé
que tu	eusses	appelé
qu' il	eût	appelé
que nous	eussions	appelé
que vous	eussiez	appelé
qu' ils	eussent	appelé

Conditionnel

Présent
j'	appellerais
tu	appellerais
il	appellerait
nous	appellerions
vous	appelleriez
ils	appelleraient

Passé
j'	aurais	appelé
tu	aurais	appelé
il	aurait	appelé
nous	aurions	appelé
vous	auriez	appelé
ils	auraient	appelé

Participe

Présent
appelant

Passé
appelé(e)

Gérondif
en appelant

Impératif
appelle
appelons
appelez

Infinitif
passé
avoir appelé

appeler rufen

 Anwendungsbeispiele

Appelle ta sœur ! *Ruf deine Schwester!*
Je t'**appelle** demain matin vers dix heures. *Ich rufe dich morgen früh gegen zehn Uhr an.*
Il **est appelé à** voyager pour son travail. *Er muss wegen seiner Arbeit viel reisen.*
Elle **s'appelle** Julie. *Sie heißt Julie.*
J'**en appelle à** ta sincérité. *Ich appelliere an deine Ehrlichkeit.*
Nous **avons fait appeler** le médecin. *Wir haben den Arzt holen lassen.*
Elle **est appelée à** devenir médecin. *Sie ist dazu berufen, Ärztin zu werden.*
Il **a appelé** la police. *Er hat die Polizei gerufen.*
L'enfant **appelle à** l'aide. *Das Kind ruft um Hilfe.*

 Witz

« Tu peux me prêter tes nouvelles lunettes de soleil ? »
« D'accord, mais n'oublie pas qu'**elles s'appellent reviens** ! »
(hier im Sinne von *Wiedersehen macht Freude!*)

 Ähnliche Verben

interpeller *zurufen*　　　　　　　　　(se) rappeler *(sich) erinnern*
téléphoner *anrufen*
(se) nommer *(sich) nennen/heißen*
inviter *einladen/rufen*
faire venir *kommen lassen*

 Aufgepasst!

Achten Sie bitte auf die Konsonantenverdoppelung -ll vor einem stummen -e sowie im Futur simple und im Conditionnel présent:
Appelle-le et dis-lui de se dépêcher. *Ruf ihn an und sag ihm, er soll sich beeilen.*
Tu appelleras le secrétariat ? *Rufst du bitte das Sekretariat an?*
Je me souviens qu'il s'appelle Antoine. *Ich erinnere mich, dass er Antoine heißt.*

 Tipps & Tricks

Die Verben épeler *buchstabieren*, rappeler *erinnern*, grommeler *murren* und ensorceler *verzaubern* haben das gleiche Konjugationsmuster (▷ Alphabetische Verbliste).

3. Gruppe

(14) assaillir *angreifen*

Indicatif

Présent

j'	assaille
tu	assailles
il	assaille
nous	assaillons
vous	assaillez
ils	assaillent

Passé composé

j'	ai	assailli
tu	as	assailli
il	a	assailli
nous	avons	assailli
vous	avez	assailli
ils	ont	assailli

Imparfait

j'	assaillais
tu	assaillais
il	assaillait
nous	assaillions
vous	assailliez
ils	assaillaient

Plus-que-parfait

j'	avais	assailli
tu	avais	assailli
il	avait	assailli
nous	avions	assailli
vous	aviez	assailli
ils	avaient	assailli

Passé simple

j'	assaillis
tu	assaillis
il	assaillit
nous	assaillîmes
vous	assaillîtes
ils	assaillirent

Passé antérieur

j'	eus	assailli
tu	eus	assailli
il	eut	assailli
nous	eûmes	assailli
vous	eûtes	assailli
ils	eurent	assailli

Futur simple

j'	assaillirai
tu	assailliras
il	assaillira
nous	assaillirons
vous	assaillirez
ils	assailliront

Futur antérieur

j'	aurai	assailli
tu	auras	assailli
il	aura	assailli
nous	aurons	assailli
vous	aurez	assailli
ils	auront	assailli

Conditionnel

Présent

j'	assaillirais
tu	assaillirais
il	assaillirait
nous	assaillirions
vous	assailliriez
ils	assailliraient

Passé

j'	aurais	assailli
tu	aurais	assailli
il	aurait	assailli
nous	aurions	assailli
vous	auriez	assailli
ils	auraient	assailli

Subjonctif

Présent

que j'	assaille
que tu	assailles
qu' il	assaille
que nous	assaillions
que vous	assailliez
qu' ils	assaillent

Imparfait

que j'	assaillisse
que tu	assaillisses
qu' il	assaillît
que nous	assaillissions
que vous	assaillissiez
qu' ils	assaillissent

Passé

que j'	aie	assailli
que tu	aies	assailli
qu' il	ait	assailli
que nous	ayons	assailli
que vous	ayez	assailli
qu' ils	aient	assailli

Plus-que-parfait

que j'	eusse	assailli
que tu	eusses	assailli
qu' il	eût	assailli
que nous	eussions	assailli
que vous	eussiez	assailli
qu' ils	eussent	assailli

Participe

Présent

assaillant

Passé

assailli(e)

Gérondif

en assaillant

Impératif

assaille
assaillons
assaillez

Infinitif

passé

avoir assailli

assaillir *angreifen*

 Anwendungsbeispiele
L'ennemi **a assailli** la forteresse. *Der Feind **hat** die Festung **gestürmt**.*
Nous **avons été assaillis par** des pierres. *Wir sind mit Steinen **angegriffen worden**.*
L'orage **a assailli** les randonneurs. *Das Gewitter **hat** die Wanderer **überrascht**.*
Le journaliste l'**a assailli de** questions. *Der Journalist hat ihn **mit Fragen bestürmt**.*
Les manifestants **ont assailli** le ministre. *Die Demonstranten **haben sich auf den Minister gestürzt**.*

 Witz
Une femme va chez son médecin et lui explique que son mari, **assailli par** le doute, se croît devenu invisible.
« Je vois » lui répond celui-ci. « Et où est-il en ce moment ? »
« Mais docteur, il est en face de vous ! »

 Ähnliche Verben
attaquer *angreifen*
donner l'assault *angreifen*
agresser *angreifen*
accabler *überschütten*
harceler *jdm. zusetzen*
tourmenter *quälen*
se jeter sur qc. *sich auf etw./jdn. stürzen*
se ruer sur qc. *sich auf etw./jdn. stürzen*

 Aufgepasst!
Die Endungen bei **assaillir** im Indicatif présent, Subjonctif présent und Impératif sind die gleichen wie bei den Verben der 1. Gruppe.
Il ne faut pas que vous l'**assailliez** de questions. *Sie sollten ihn nicht mit Fragen bestürmen.*

 Tipps & Tricks
Die Verben **défaillir** *in Ohnmacht fallen* und **tressaillir** *zusammenzucken* haben das gleiche Konjugationsmuster (▷ Alphabetische Verbliste).
Lernen Sie auch gleich l'**assaillant** *der Angreifer* und l'**assault** *der Angriff* mit.

3. Gruppe

(15) atteindre *erreichen*

Indicatif

Présent

j'	atteins
tu	atteins
il	atteint
nous	atteignons
vous	atteignez
ils	atteignent

Passé composé

j'	ai	atteint
tu	as	atteint
il	a	atteint
nous	avons	atteint
vous	avez	atteint
ils	ont	atteint

Imparfait

j'	atteignais
tu	atteignais
il	atteignait
nous	atteignions
vous	atteigniez
ils	atteignaient

Plus-que-parfait

j'	avais	atteint
tu	avais	atteint
il	avait	atteint
nous	avions	atteint
vous	aviez	atteint
ils	avaient	atteint

Passé simple

j'	atteignis
tu	atteignis
il	atteignit
nous	atteignîmes
vous	atteignîtes
ils	atteignirent

Passé antérieur

j'	eus	atteint
tu	eus	atteint
il	eut	atteint
nous	eûmes	atteint
vous	eûtes	atteint
ils	eurent	atteint

Futur simple

j'	atteindrai
tu	atteindras
il	atteindra
nous	atteindrons
vous	atteindrez
ils	atteindront

Futur antérieur

j'	aurai	atteint
tu	auras	atteint
il	aura	atteint
nous	aurons	atteint
vous	aurez	atteint
ils	auront	atteint

Conditionnel

Présent

j'	atteindrais
tu	atteindrais
il	atteindrait
nous	atteindrions
vous	atteindriez
ils	atteindraient

Passé

j'	aurais	atteint
tu	aurais	atteint
il	aurait	atteint
nous	aurions	atteint
vous	auriez	atteint
ils	auraient	atteint

Subjonctif

Présent

que j'	atteigne
que tu	atteignes
qu' il	atteigne
que nous	atteignions
que vous	atteigniez
qu' ils	atteignent

Imparfait

que j'	atteignisse
que tu	atteignisses
qu' il	atteignît
que nous	atteignissions
que vous	atteignissiez
qu' ils	atteignissent

Passé

que j'	aie	atteint
que tu	aies	atteint
qu' il	ait	atteint
que nous	ayons	atteint
que vous	ayez	atteint
qu' ils	aient	atteint

Plus-que-parfait

que j'	eusse	atteint
que tu	eusses	atteint
qu' il	eût	atteint
que nous	eussions	atteint
que vous	eussiez	atteint
qu' ils	eussent	atteint

Participe

Présent

atteignant

Passé

atteint(e)

Gérondif

en atteignant

Impératif

atteins
atteignons
atteignez

Infinitif

passé

avoir atteint

64

atteindre *erreichen*

 Anwendungsbeispiele
Nous **atteindrons** Paris avant la nuit. *Wir* **werden** *Paris vor Einbruch der Nacht* **erreichen**.
Le Mont-Blanc **atteint** 4807 mètres. *Der Mont Blanc* **ist** *4807 Meter hoch.*
La balle l'**a atteint en** plein cœur. *Die Kugel* **hat** *ihn mitten* **ins** *Herz* **getroffen**
La nouvelle l'**a atteinte** fortement. *Die Nachricht* **hat** *sie stark* **getroffen**.
Il **est atteint d'**une grave maladie. *Er* **leidet unter** *einer schweren Krankheit.*
Ce tableau **a atteint** une somme incroyable. *Dieses Gemälde* **hat** *einen unglaublich hohen Wert* **erreicht**.

 Redewendungen
atteindre son but *sein Ziel erreichen*
atteindre la perfection *die Perfektion erreichen*
atteindre le sommet *den Gipfel erreichen*
atteindre qn. par téléphone *jdn. telefonisch erreichen*
atteindre l'âge de raison *das Alter erreichen, in dem man vernünftig werden sollte*
atteindre qn. au vif *jdn. tief verletzen*

 Ähnliche Verben
parvenir à *erreichen/gelingen*
arriver à *erreichen/ankommen*
s'élever à *betragen*
toucher *treffen*
blesser *verletzen*
heurter *verletzen*

 Aufgepasst!
Achten Sie bitte auf die Stammänderung bei einigen Formen von atteindre, wie beispielsweise bei j'att**eign**ais *ich erreichte* oder que j'att**eign**e *dass ich erreiche*.

 Tipps & Tricks
Die Verben dépeindre *beschreiben*, enfreindre *verstoßen*, éteindre *ausschalten*, étreindre *umarmen*, peindre *malen* und teindre *färben* haben das gleiche Konjugationsmuster (▷ Alphabetische Verbliste).

3. Gruppe

(16) attendre *warten*

Indicatif

Présent

j'	attends
tu	attends
il	attend
nous	attendons
vous	attendez
ils	attendent

Passé composé

j'	ai	attendu
tu	as	attendu
il	a	attendu
nous	avons	attendu
vous	avez	attendu
ils	ont	attendu

Imparfait

j'	attendais
tu	attendais
il	attendait
nous	attendions
vous	attendiez
ils	attendaient

Plus-que-parfait

j'	avais	attendu
tu	avais	attendu
il	avait	attendu
nous	avions	attendu
vous	aviez	attendu
ils	avaient	attendu

Passé simple

j'	attendis
tu	attendis
il	attendit
nous	attendîmes
vous	attendîtes
ils	attendirent

Passé antérieur

j'	eus	attendu
tu	eus	attendu
il	eut	attendu
nous	eûmes	attendu
vous	eûtes	attendu
ils	eurent	attendu

Futur simple

j'	attendrai
tu	attendras
il	attendra
nous	attendrons
vous	attendrez
ils	attendront

Futur antérieur

j'	aurai	attendu
tu	auras	attendu
il	aura	attendu
nous	aurons	attendu
vous	aurez	attendu
ils	auront	attendu

Conditionnel

Présent

j'	attendrais
tu	attendrais
il	attendrait
nous	attendrions
vous	attendriez
ils	attendraient

Passé

j'	aurais	attendu
tu	aurais	attendu
il	aurait	attendu
nous	aurions	attendu
vous	auriez	attendu
ils	auraient	attendu

Subjonctif

Présent

que j'	attende
que tu	attendes
qu' il	attende
que nous	attendions
que vous	attendiez
qu' ils	attendent

Imparfait

que j'	attendisse
que tu	attendisses
qu' il	attendît
que nous	attendissions
que vous	attendissiez
qu' ils	attendissent

Passé

que j'	aie	attendu
que tu	aies	attendu
qu' il	ait	attendu
que nous	ayons	attendu
que vous	ayez	attendu
qu' ils	aient	attendu

Plus-que-parfait

que j'	eusse	attendu
que tu	eusses	attendu
qu' il	eût	attendu
que nous	eussions	attendu
que vous	eussiez	attendu
qu' ils	eussent	attendu

Participe

Présent

attendant

Passé

attendu(e)

Gérondif

en attendant

Impératif

attends
attendons
attendez

Infinitif passé

avoir attendu

attendre *warten*

 Anwendungsbeispiele
Je vous **attends** dans le couloir. *Ich warte im Gang auf Sie.*
Qu'est-ce que tu **attends pour** apprendre l'anglais ? *Worauf wartest du mit dem Englischlernen?*
Tu peux toujours **attendre** ! *Da kannst du lange warten!*
Elle ne **s'attendait** pas à nous voir. *Sie hatte nicht damit gerechnet, uns zu sehen.*
Je m'**y attendais**. *Damit hatte ich gerechnet.*
Qu' **attendez**-vous **de** moi? *Was erwarten Sie von mir?*

 Redewendungen
attendre des heures *Stunden warten*
attendre le bus/le train *auf den Bus/Zug warten*
attendre qc. de qn. *etw. von jdm. erwarten*
faire attendre qn. *jdn. warten lassen*
attendre un enfant *ein Kind erwarten*
s'attendre à ce que *mit etw. rechnen*
en attendant que *so lange bis*

 Ähnliche Verben
patienter *sich gedulden*
rester *bleiben*
guetter *auf jdn. warten*
compter sur qc. *mit etw. rechnen*
prévoir *erwarten/vorsehen*

 Gebrauch
Die Konstruktion attendre que wird mit dem Subjonctif gebildet:
Il **attend que** nous **ayons** fini. *Er wartet darauf, dass wir fertig sind.*
Je ne **m'attendais** pas à ce **que** tu **viennes**. *Ich hatte nicht damit gerechnet, dass du kommst.*

 Tipps & Tricks
Die Verben défendre *verteidigen*, descendre *heruntergehen*, perdre *verlieren*, rendre *zurückgeben*, tendre *spannen* und vendre *verkaufen* haben das gleiche Konjugationsmuster (▷ Alphabetische Verbliste).

3. Gruppe

(17) **battre** *schlagen*

Indicatif

Présent

je	bats
tu	bats
il	bat
nous	battons
vous	battez
ils	battent

Passé composé

j'	ai	battu
tu	as	battu
il	a	battu
nous	avons	battu
vous	avez	battu
ils	ont	battu

Imparfait

je	battais
tu	battais
il	battait
nous	battions
vous	battiez
ils	battaient

Plus-que-parfait

j'	avais	battu
tu	avais	battu
il	avait	battu
nous	avions	battu
vous	aviez	battu
ils	avaient	battu

Passé simple

je	battis
tu	battis
il	battit
nous	battîmes
vous	battîtes
ils	battirent

Passé antérieur

j'	eus	battu
tu	eus	battu
il	eut	battu
nous	eûmes	battu
vous	eûtes	battu
ils	eurent	battu

Futur simple

je	battrai
tu	battras
il	battra
nous	battrons
vous	battrez
ils	battront

Futur antérieur

j'	aurai	battu
tu	auras	battu
il	aura	battu
nous	aurons	battu
vous	aurez	battu
ils	auront	battu

Conditionnel

Présent

je	battrais
tu	battrais
il	battrait
nous	battrions
vous	battriez
ils	battraient

Passé

j'	aurais	battu
tu	aurais	battu
il	aurait	battu
nous	aurions	battu
vous	auriez	battu
ils	auraient	battu

Subjonctif

Présent

que je	batte
que tu	battes
qu' il	batte
que nous	battions
que vous	battiez
qu' ils	battent

Imparfait

que je	battisse
que tu	battisses
qu' il	battît
que nous	battissions
que vous	battissiez
qu' ils	battissent

Passé

que j'	aie	battu
que tu	aies	battu
qu' il	ait	battu
que nous	ayons	battu
que vous	ayez	battu
qu' ils	aient	battu

Plus-que-parfait

que j'	eusse	battu
que tu	eusses	battu
qu' il	eût	battu
que nous	eussions	battu
que vous	eussiez	battu
qu' ils	eussent	battu

Participe

Présent

battant

Passé

battu(e)

Gérondif

en battant

Impératif

bats
battons
battez

Infinitif passé

avoir battu

68

battre *schlagen*

 Anwendungsbeispiele
Il l'**a battu à** mort. *Er hat ihn zu Tode geprügelt.*
Ils **ont battu** l'équipe adverse par trois à deux. *Sie haben die andere Mannschaft drei zu zwei geschlagen.*
Il faut **battre** les œufs **en** neige. *Man muss das Eiweiß zu Eischnee schlagen.*
Le volet **battait**. *Der Fensterladen klapperte.*
La pluie **a battu contre** les vitres. *Der Regen hat gegen die Scheiben geprasselt.*
Les enfants **se sont battus** pour attraper le ballon. *Die Kinder haben gekämpft, um den Ball zu fangen.*

 Witz
« **J'ai battu** un record ! » – « Ah bon, lequel ? »
« J'ai réussi à faire en 15 jours un puzzle sur lequel il était écrit ‹ de 3 a 5 ans ›. »

 Ähnliche Verben
frapper *schlagen*
heurter *schlagen/stoßen*
vaincre *besiegen*
gagner *gewinnen*
se disputer *sich streiten*
se bagarrer *sich anlegen/kämpfen*
s'acharner *sich große Mühe geben/kämpfen*

abattre *fällen*
combattre *bekämpfen*
débattre *besprechen*

 Aufgepasst!
Achten Sie auf die Singularformen mit einem **-t** im Indicatif présent und im Impératif:
Ne te bats plus jamais **avec** ton petit frère ! *Schlage dich nie wieder mit deinem kleinen Bruder!*
Elle se bat pour trouver un nouvel emploi. *Sie kämpft darum, eine neue Stelle zu finden.*

Tipps & Tricks
Die Verben abattre *fällen*, combattre *bekämpfen* und débattre *besprechen* haben das gleiche Konjugationsmuster (▷ Alphabetische Verbliste).

3. Gruppe

(18) boire *trinken*

Indicatif

Présent

je	bois
tu	bois
il	boit
nous	buvons
vous	buvez
ils	boivent

Passé composé

j'	ai	bu
tu	as	bu
il	a	bu
nous	avons	bu
vous	avez	bu
ils	ont	bu

Imparfait

je	buvais
tu	buvais
il	buvait
nous	buvions
vous	buviez
ils	buvaient

Plus-que-parfait

j'	avais	bu
tu	avais	bu
il	avait	bu
nous	avions	bu
vous	aviez	bu
ils	avaient	bu

Passé simple

je	bus
tu	bus
il	but
nous	bûmes
vous	bûtes
ils	burent

Passé antérieur

j'	eus	bu
tu	eus	bu
il	eut	bu
nous	eûmes	bu
vous	eûtes	bu
ils	eurent	bu

Futur simple

je	boirai
tu	boiras
il	boira
nous	boirons
vous	boirez
ils	boiront

Futur antérieur

j'	aurai	bu
tu	auras	bu
il	aura	bu
nous	aurons	bu
vous	aurez	bu
ils	auront	bu

Conditionnel

Présent

je	boirais
tu	boirais
il	boirait
nous	boirions
vous	boiriez
ils	boiraient

Passé

j'	aurais	bu
tu	aurais	bu
il	aurait	bu
nous	aurions	bu
vous	auriez	bu
ils	auraient	bu

Subjonctif

Présent

que je	boive
que tu	boives
qu' il	boive
que nous	buvions
que vous	buviez
qu' ils	boivent

Imparfait

que je	busse
que tu	busses
qu' il	bût
que nous	bussions
que vous	bussiez
qu' ils	bussent

Passé

que j'	aie	bu
que tu	aies	bu
qu' il	ait	bu
que nous	ayons	bu
que vous	ayez	bu
qu' ils	aient	bu

Plus-que-parfait

que j'	eusse	bu
que tu	eusses	bu
qu' il	eût	bu
que nous	eussions	bu
que vous	eussiez	bu
qu' ils	eussent	bu

Participe

Présent

buvant

Passé

bu(e)

Gérondif

en buvant

Impératif

bois
buvons
buvez

Infinitif

passé

avoir bu

boire *trinken*

 Anwendungsbeispiele
Je **vais boire** un verre d'eau. *Ich trinke ein Glas Wasser.*
C'est un homme qui **boit**. *Dieser Mann ist Alkoholiker.*
Ce vin **se boit au** dessert. *Dieser Wein wird zur Nachspeise getrunken.*
Buvons le café **dans** les nouvelles tasses. *Lasst uns den Kaffee aus den neuen Tassen trinken.*
Le bambou est une plante qui **boit** beaucoup d'eau. *Bambus ist eine Pflanze, die viel Wasser braucht.*
Je **fais boire** les enfants. *Ich gebe den Kindern etwas zu trinken.*

 Redewendungen
(se) boire froid/chaud/glacé *(sich) kalt/warm/eisgekühlt trinken*
boire un verre *etw. trinken gehen*
boire à petits coups *langsam trinken*
boire comme un trou *viel Alkohol trinken/saufen*
boire la tasse *Wasser schlucken*
boire à la santé de qn. *auf das Wohl von jdm. trinken*

 Ähnliche Verben
se désaltérer *den Durst löschen*　　reboire *wieder trinken*
prendre *nehmen*
arroser *gießen/anstoßen*
se saouler *sich betrinken*

 Aufgepasst!
Achten Sie bitte auf die zahlreichen Stammänderungen:
Dimanche, nous **boirons à** ton succès ! *Wir werden am Sonntag auf deinen Erfolg anstoßen!*
Tu ne **bois** pas assez. *Du trinkst nicht genug.*
Nous **buvons** un verre de vin rouge à chaque repas. *Wir trinken zu jeder Mahlzeit ein Glas Rotwein.*

 Tipps & Tricks
Lernen Sie auch gleich noch ein paar Wörter der gleichen Wortfamilie mit:
la boisson *das Getränk*, buvable *genießbar (im Sinne von „kann man trinken")* und imbuvable *ungenießbar*.

1. Gruppe

19 commencer *beginnen*   -c → -ç vor -a und -o

Indicatif

Présent

je	commence
tu	commences
il	commence
nous	commençons
vous	commencez
ils	commencent

Passé composé

j'	ai	commencé
tu	as	commencé
il	a	commencé
nous	avons	commencé
vous	avez	commencé
ils	ont	commencé

Imparfait

je	commençais
tu	commençais
il	commençait
nous	commencions
vous	commenciez
ils	commençaient

Plus-que-parfait

j'	avais	commencé
tu	avais	commencé
il	avait	commencé
nous	avions	commencé
vous	aviez	commencé
ils	avaient	commencé

Passé simple

je	commençai
tu	commenças
il	commença
nous	commençâmes
vous	commençâtes
ils	commencèrent

Passé antérieur

j'	eus	commencé
tu	eus	commencé
il	eut	commencé
nous	eûmes	commencé
vous	eûtes	commencé
ils	eurent	commencé

Futur simple

je	commencerai
tu	commenceras
il	commencera
nous	commencerons
vous	commencerez
ils	commenceront

Futur antérieur

j'	aurai	commencé
tu	auras	commencé
il	aura	commencé
nous	aurons	commencé
vous	aurez	commencé
ils	auront	commencé

Conditionnel

Présent

je	commencerais
tu	commencerais
il	commencerait
nous	commencerions
vous	commenceriez
ils	commenceraient

Passé

j'	aurais	commencé
tu	aurais	commencé
il	aurait	commencé
nous	aurions	commencé
vous	auriez	commencé
ils	auraient	commencé

Subjonctif

Présent

que je	commence
que tu	commences
qu' il	commence
que nous	commencions
que vous	commenciez
qu' ils	commencent

Imparfait

que je	commençasse
que tu	commençasses
qu' il	commençât
que nous	commençassions
que vous	commençassiez
qu' ils	commençassent

Passé

que j'	aie	commencé
que tu	aies	commencé
qu' il	ait	commencé
que nous	ayons	commencé
que vous	ayez	commencé
qu' ils	aient	commencé

Plus-que-parfait

que j'	eusse	commencé
que tu	eusses	commencé
qu' il	eût	commencé
que nous	eussions	commencé
que vous	eussiez	commencé
qu' ils	eussent	commencé

Participe

Présent

commençant

Passé

commencé(e)

Gérondif

en commençant

Impératif

commence
commençons
commencez

Infinitif

passé

avoir commencé

72

commencer *beginnen*

 Anwendungsbeispiele
Le film **commence**. *Der Film **beginnt**.*
Je **commence** ce livre. *Ich **fange an**, dieses Buch zu lesen.*
Emilie **commence à** parler. *Emilie **fängt an** zu sprechen.*
Nous **commençons de** dîner. *Wir **fangen an**, zu Abend zu essen.*
Ce mot **commence par** un a. *Dieses Wort **fängt mit** einem a **an**.*
Il **commença par** retirer son manteau. *Er zog **erst mal** seinen Mantel aus.*
Commence par être poli ! *Sei **erst einmal** höflich!*
Ça **commence à** bien faire ! *Jetzt reicht es aber!*
Pour commencer, tu vas boire une tasse de thé ! *Jetzt trinkst du **erst einmal** eine Tasse Tee!*

 Redewendungen
commencer bien/mal *gut/schlecht anfangen*
commencer à faire chaud/froid *allmählich warm/kalt werden*
commencer de faire qc. *anfangen, etw. zu tun*
commencer son discours par qc. *seine Rede mit etw. einleiten*
commencer un voyage *eine Reise antreten*
ne plus savoir par où commencer *nicht mehr wissen, womit man anfangen soll*
commencer par où on devrait finir *den zweiten Schritt vor dem ersten tun*

 Ähnliche Verben
débuter *anfangen*
démarrer *beginnen/starten*
entreprendre *anfangen/unternehmen*
amorcer *beginnen/aufnehmen*

 Aufgepasst!
Um die gleiche Aussprache beibehalten zu können, wird das -c vor den Vokalen -a und -o zu -ç:
Nous commen**ç**ons de prendre le café. *Wir **fangen** mit dem Kaffeetrinken **an**.*

 Tipps & Tricks
Die Verben annoncer *ankündigen*, avancer *vorstellen*, balancer *schaukeln*, placer *stellen*, prononcer *aussprechen* und renoncer *verzichten* haben das gleiche Konjugationsmuster (▷ Alphabetische Verbliste).

3. Gruppe

 conclure *abschließen*

Indicatif
Présent
je	conclus
tu	conclus
il	conclut
nous	concluons
vous	concluez
ils	concluent

Imparfait
je	concluais
tu	concluais
il	concluait
nous	concluions
vous	concluiez
ils	concluaient

Passé simple
je	conclus
tu	conclus
il	conclut
nous	conclûmes
vous	conclûtes
ils	conclurent

Futur simple
je	conclurai
tu	concluras
il	conclura
nous	conclurons
vous	conclurez
ils	concluront

Passé composé
j'	ai	conclu
tu	as	conclu
il	a	conclu
nous	avons	conclu
vous	avez	conclu
ils	ont	conclu

Plus-que-parfait
j'	avais	conclu
tu	avais	conclu
il	avait	conclu
nous	avions	conclu
vous	aviez	conclu
ils	avaient	conclu

Passé antérieur
j'	eus	conclu
tu	eus	conclu
il	eut	conclu
nous	eûmes	conclu
vous	eûtes	conclu
ils	eurent	conclu

Futur antérieur
j'	aurai	conclu
tu	auras	conclu
il	aura	conclu
nous	aurons	conclu
vous	aurez	conclu
ils	auront	conclu

Subjonctif
Présent
que je	conclue
que tu	conclues
qu' il	conclue
que nous	concluions
que vous	concluiez
qu' ils	concluent

Imparfait
que je	conclusse
que tu	conclusses
qu' il	conclût
que nous	conclussions
que vous	conclussiez
qu' ils	conclussent

Passé
que j'	aie	conclu
que tu	aies	conclu
qu' il	ait	conclu
que nous	ayons	conclu
que vous	ayez	conclu
qu' ils	aient	conclu

Plus-que-parfait
que j'	eusse	conclu
que tu	eusses	conclu
qu' il	eût	conclu
que nous	eussions	conclu
que vous	eussiez	conclu
qu' ils	eussent	conclu

Conditionnel
Présent
je	conclurais
tu	conclurais
il	conclurait
nous	conclurions
vous	concluriez
ils	concluraient

Passé
j'	aurais	conclu
tu	aurais	conclu
il	aurait	conclu
nous	aurions	conclu
vous	auriez	conclu
ils	auraient	conclu

Participe
Présent
concluant

Passé
conclu(e)

Gérondif
en concluant

Impératif
conclus
concluons
concluez

Infinitif
passé
avoir conclu

conclure *abschließen*

 Anwendungsbeispiele
La France **a conclu** un traité **avec** ce pays. *Frankreich hat ein Abkommen mit diesem Land abgeschlossen.*
Elle **a conclu** sa présentation **par** un article du Monde. *Sie hat ihren Vortrag mit einem Artikel aus Le Monde abgeschlossen.*
J'**en** ai **conclu que** cela n'était pas possible. *Ich habe daraus geschlossen, dass es nicht möglich war.*
Les jurés **ont conclu à** sa culpabilité. *Die Geschworenen befanden ihn für schuldig.*
Pouvez-vous **conclure**, s'il vous plaît ? *Könnten Sie bitte nun zum Ende kommen?*
Affaire **conclue** ! *Abgemacht!*

 Redewendungen
conclure une alliance *eine Allianz schließen*
conclure une affaire avec qn. *ein Geschäft mit jdm. abschließen*
conclure à l'innocence de qn. *jdn. für unschuldig befinden*
conclure un livre *ein Buch abschließen/fertig schreiben*

 Ähnliche Verben
passer *(hier) abschließen*   exclure *ausschließen*
signer *unterzeichnen*   inclure *einschließen*
déduire *aus etwas schließen*
achever *beenden*
finir *beenden*

 Aufgepasst!
Im Imparfait folgen beim Verb conclure drei Vokale direkt aufeinander. Achten Sie daher auf die korrekte Aussprache, z. B. bei **nous concluions** *wir schlossen ab*. Im Présent und im Passé simple sind die Singularformen identisch. Die Zeiten können also nur aus dem Zusammenhang geschlussfolgert werden.

 Tipps & Tricks
Die Verben exclure und inclure werden nach dem gleichen Muster konjugiert, wobei das Participe passé von inclure jedoch auf -us(e) endet (▶ Alphabetische Verbliste).

3. Gruppe

 construire *bauen*

Indicatif

Présent
je	construis
tu	construis
il	construit
nous	construisons
vous	construisez
ils	construisent

Passé composé
j'	ai	construit
tu	as	construit
il	a	construit
nous	avons	construit
vous	avez	construit
ils	ont	construit

Imparfait
je	construisais
tu	construisais
il	construisait
nous	construisions
vous	construisiez
ils	construisaient

Plus-que-parfait
j'	avais	construit
tu	avais	construit
il	avait	construit
nous	avions	construit
vous	aviez	construit
ils	avaient	construit

Passé simple
je	construisis
tu	construisis
il	construisit
nous	construisîmes
vous	construisîtes
ils	construisirent

Passé antérieur
j'	eus	construit
tu	eus	construit
il	eut	construit
nous	eûmes	construit
vous	eûtes	construit
ils	eurent	construit

Futur simple
je	construirai
tu	construiras
il	construira
nous	construirons
vous	construirez
ils	construiront

Futur antérieur
j'	aurai	construit
tu	auras	construit
il	aura	construit
nous	aurons	construit
vous	aurez	construit
ils	auront	construit

Conditionnel

Présent
je	construirais
tu	construirais
il	construirait
nous	construirions
vous	construiriez
ils	construiraient

Passé
j'	aurais	construit
tu	aurais	construit
il	aurait	construit
nous	aurions	construit
vous	auriez	construit
ils	auraient	construit

Subjonctif

Présent
que je	construise
que tu	construises
qu'il	construise
que nous	construisions
que vous	construisiez
qu'ils	construisent

Imparfait
que je	construisisse
que tu	construisisses
qu'il	construisît
que nous	construisissions
que vous	construisissiez
qu'ils	construisissent

Passé
que j'	aie	construit
que tu	aies	construit
qu'il	ait	construit
que nous	ayons	construit
que vous	ayez	construit
qu'ils	aient	construit

Plus-que-parfait
que j'	eusse	construit
que tu	eusses	construit
qu'il	eût	construit
que nous	eussions	construit
que vous	eussiez	construit
qu'ils	eussent	construit

Participe

Présent
construisant

Passé
construit(e)

Gérondif
en construisant

Impératif
construis
construisons
construisez

Infinitif
passé
avoir construit

construire *bauen*

 Anwendungsbeispiele
Il **a construit** la maison que tu vois sur cette photo. *Er **hat** das Haus **gebaut**, das du auf diesem Bild siehst.*
On **a** beaucoup **construit** dans le quartier. *In diesem Viertel wurde viel gebaut.*
Les mésanges **ont construit** leur nid. *Die Kohlmeisen **haben** ihr Nest **gebaut**.*
C'est une entreprise qui **construit** des voiliers. *Diese Firma **stellt** Segelboote **her**.*
Le verbe vouloir **se construit avec** le subjonctif. *Das Verb vouloir **wird mit** dem Subjonctif **gebildet**.*

 Redewendungen
construire une route/un pont *eine Straße/eine Brücke bauen*
faire construire *bauen*
obtenir un permis de construire *eine Baugenehmigung bekommen*
construire une phrase *einen Satz bilden*
se construire un abri *sich eine Hütte bauen*
construire sa vie *sein Leben gestalten*

 Ähnliche Verben
bâtir *bauen*   reconstruire *wieder aufbauen*
édifier *bauen*
créer *schaffen*
former *bilden*
fabriquer *herstellen*

 Aufgepasst!
Achten Sie bitte bei der Form des Participe passé auf die Schreibweise mit -t:
Les enfants ont construi**t** une cabane dans un arbre. *Die Kinder **haben** ein Baumhaus **gebaut**.*

 Tipps & Tricks
Die Verben luire *leuchten* und nuire *schaden* werden nach dem gleichen Konjugationsmuster konjugiert (Alphabetische Verbliste). Aber ihr Participe passé ist unveränderlich: lui *geleuchtet* und nui *geschadet*.

3. Gruppe

22 coudre *nähen*

Indicatif
Présent
je	couds
tu	couds
il	coud
nous	cousons
vous	cousez
ils	cousent

Passé composé
j'	ai	cousu
tu	as	cousu
il	a	cousu
nous	avons	cousu
vous	avez	cousu
ils	ont	cousu

Imparfait
je	cousais
tu	cousais
il	cousait
nous	cousions
vous	cousiez
ils	cousaient

Plus-que-parfait
j'	avais	cousu
tu	avais	cousu
il	avait	cousu
nous	avions	cousu
vous	aviez	cousu
ils	avaient	cousu

Passé simple
je	cousis
tu	cousis
il	cousit
nous	cousîmes
vous	cousîtes
ils	cousirent

Passé antérieur
j'	eus	cousu
tu	eus	cousu
il	eut	cousu
nous	eûmes	cousu
vous	eûtes	cousu
ils	eurent	cousu

Futur simple
je	coudrai
tu	coudras
il	coudra
nous	coudrons
vous	coudrez
ils	coudront

Futur antérieur
j'	aurai	cousu
tu	auras	cousu
il	aura	cousu
nous	aurons	cousu
vous	aurez	cousu
ils	auront	cousu

Conditionnel
Présent
je	coudrais
tu	coudrais
il	coudrait
nous	coudrions
vous	coudriez
ils	coudraient

Passé
j'	aurais	cousu
tu	aurais	cousu
il	aurait	cousu
nous	aurions	cousu
vous	auriez	cousu
ils	auraient	cousu

Subjonctif
Présent
que je	couse
que tu	couses
qu'il	couse
que nous	cousions
que vous	cousiez
qu'ils	cousent

Imparfait
que je	cousisse
que tu	cousisses
qu'il	cousît
que nous	cousissions
que vous	cousissiez
qu'ils	cousissent

Passé
que j'	aie	cousu
que tu	aies	cousu
qu'il	ait	cousu
que nous	ayons	cousu
que vous	ayez	cousu
qu'ils	aient	cousu

Plus-que-parfait
que j'	eusse	cousu
que tu	eusses	cousu
qu'il	eût	cousu
que nous	eussions	cousu
que vous	eussiez	cousu
qu'ils	eussent	cousu

Participe
Présent
cousant

Passé
cousu(e)

Gérondif
en cousant

Impératif
couds
cousons
cousez

Infinitif
passé
avoir cousu

coudre *nähen*

 Anwendungsbeispiele

J'ai appris à **coudre** quand j'avais huit ans. *Ich habe mit acht Jahren **nähen** gelernt.*
Peux-tu (re)**coudre** le bouton de ma veste ? *Kannst du den Knopf meiner Jacke (wieder) **annähen**?*
Cette robe de mariée **a été cousue** à la main. *Dieses Brautkleid **wurde von Hand genäht**.*
Il a fallu **coudre** sa plaie. *Man hat seine Wunde **nähen** müssen.*
Auriez-vous peut-être une machine à **coudre** ? *Haben Sie vielleicht eine **Nähmaschine**?*

 Redewendungen

être cousu de fil blanc *eingefädelt sein*
être cousu d'or *sehr reich sein*
rester bouche cousue *kein Wort sagen*

 Ähnliche Verben

raccommoder *flicken*
rapiécer *flicken*
piquer *nähen*
ourler *einsäumen*
suturer *nähen*
broder *sticken*

recoudre *wieder annähen*
découdre *abtrennen*

 Aufgepasst!

In den Singularformen des Indicatif présent sowie im Futur simple und im Conditionnel présent lautet der Wortstamm **coud-**:
Elle **coud**ra ta chemise à la machine. *Sie **wird** dein Hemd mit der Maschine nähen.*
In den weiteren einfachen Zeiten verändert sich der Wortstamm zu **cous-**:
Autrefois, on **cous**ait beaucoup. *Früher **nähte** man viel.*

 Tipps & Tricks

Hier noch ein paar Wörter der gleichen Wortfamilie zum Mitlernen: la couture *das Nähen/die Näharbeit*, le couturier *der Schneider/der Modeschöpfer* und la couturière *die Schneiderin/die Modeschöpferin*.

3. Gruppe

(23) craindre *fürchten*

Indicatif

Présent		Passé composé		
je	crains	j'	ai	craint
tu	crains	tu	as	craint
il	craint	il	a	craint
nous	craignons	nous	avons	craint
vous	craignez	vous	avez	craint
ils	craignent	ils	ont	craint

Imparfait		Plus-que-parfait		
je	craignais	j'	avais	craint
tu	craignais	tu	avais	craint
il	craignait	il	avait	craint
nous	craignions	nous	avions	craint
vous	craigniez	vous	aviez	craint
ils	craignaient	ils	avaient	craint

Passé simple		Passé antérieur		
je	craignis	j'	eus	craint
tu	craignis	tu	eus	craint
il	craignit	il	eut	craint
nous	craignîmes	nous	eûmes	craint
vous	craignîtes	vous	eûtes	craint
ils	craignirent	ils	eurent	craint

Futur simple		Futur antérieur		
je	craindrai	j'	aurai	craint
tu	craindras	tu	auras	craint
il	craindra	il	aura	craint
nous	craindrons	nous	aurons	craint
vous	craindrez	vous	aurez	craint
ils	craindront	ils	auront	craint

Conditionnel

Présent		Passé		
je	craindrais	j'	aurais	craint
tu	craindrais	tu	aurais	craint
il	craindrait	il	aurait	craint
nous	craindrions	nous	aurions	craint
vous	craindriez	vous	auriez	craint
ils	craindraient	ils	auraient	craint

Subjonctif

Présent	
que je	craigne
que tu	craignes
qu'il	craigne
que nous	craignions
que vous	craigniez
qu'ils	craignent

Imparfait	
que je	craignisse
que tu	craignisses
qu'il	craignît
que nous	craignissions
que vous	craignissiez
qu'ils	craignissent

Passé		
que j'	aie	craint
que tu	aies	craint
qu'il	ait	craint
que nous	ayons	craint
que vous	ayez	craint
qu'ils	aient	craint

Plus-que-parfait		
que j'	eusse	craint
que tu	eusses	craint
qu'il	eût	craint
que nous	eussions	craint
que vous	eussiez	craint
qu'ils	eussent	craint

Participe

Présent
craignant

Passé
craint(e)

Gérondif

en craignant

Impératif

crains
craignons
craignez

Infinitif passé

avoir craint

craindre *fürchten*

 Anwendungsbeispiele

Le garçon **craint** son père. *Der Junge* **hat vor** *seinem Vater* **Respekt.**
Il n'y a rien à **craindre** ! *Es besteht kein Grund* **zur Sorge!**
Elle **craint de** te déranger. *Sie* **hat Angst,** *dich zu stören.*
Je **crains** qu'il fasse mauvais demain. *Ich* **befürchte,** *dass es morgen schlechtes Wetter gibt.*
Le médecin **craint** qu'il ne soit très malade. *Der Arzt* **befürchtet,** *dass er schwer krank ist.*
Ces arbres **craignent** le gel. *Diese Bäume sind* **nicht winterhart.**

 Redewendungen

être à craindre que … *zu befürchten sein, dass …*
craindre la chaleur/le froid *hitze-/kälteempfindlich sein*
se faire craindre de qn. *sich bei jdm. Respekt verschaffen*
craindre pour la vie de qn. *um jds. Leben fürchten*

 Ähnliche Verben

redouter *fürchten/Angst haben*
appréhender *fürchten/Angst haben*
avoir peur *Angst haben*
respecter *achten/Rücksicht nehmen*

 Gebrauch

Merken Sie sich bitte, dass craindre que mit dem Subjonctif gebildet wird:
Je **crains que** nous ne **puissions** pas partir demain en vacances. *Ich befürchte, dass wir morgen nicht in den Urlaub fahren können.*
In der gehobenen Sprache kann das nicht verneinende ne verwendet werden:
Je **crains que** le train **(ne) soit** déjà **parti**. *Ich befürchte, dass der Zug schon abgefahren ist.*
Achten Sie bitte auf die Stammänderung bei einigen Formen von craindre:
il cr**aign**it, il cr**aign**ait, que tu cr**aign**es etc.

 Tipps & Tricks

Die Verben plaindre *klagen* und contraindre *zwingen* haben das gleiche Konjugationsmuster (▶ Alphabetische Verbliste).

1. Gruppe

créer *schaffen*

-é gehört zum Stamm

Indicatif

Présent
je	crée
tu	crées
il	crée
nous	créons
vous	créez
ils	créent

Imparfait
je	créais
tu	créais
il	créait
nous	créions
vous	créiez
ils	créaient

Passé simple
je	créai
tu	créas
il	créa
nous	créâmes
vous	créâtes
ils	créèrent

Futur simple
je	créerai
tu	créeras
il	créera
nous	créerons
vous	créerez
ils	créeront

Passé composé
j'	ai	créé
tu	as	créé
il	a	créé
nous	avons	créé
vous	avez	créé
ils	ont	créé

Plus-que-parfait
j'	avais	créé
tu	avais	créé
il	avait	créé
nous	avions	créé
vous	aviez	créé
ils	avaient	créé

Passé antérieur
j'	eus	créé
tu	eus	créé
il	eut	créé
nous	eûmes	créé
vous	eûtes	créé
ils	eurent	créé

Futur antérieur
j'	aurai	créé
tu	auras	créé
il	aura	créé
nous	aurons	créé
vous	aurez	créé
ils	auront	créé

Subjonctif

Présent
que je	crée
que tu	crées
qu'il	crée
que nous	créions
que vous	créiez
qu'ils	créent

Imparfait
que je	créasse
que tu	créasses
qu'il	créât
que nous	créassions
que vous	créassiez
qu'ils	créassent

Passé
que j'	aie	créé
que tu	aies	créé
qu'il	ait	créé
que nous	ayons	créé
que vous	ayez	créé
qu'ils	aient	créé

Plus-que-parfait
que j'	eusse	créé
que tu	eusses	créé
qu'il	eût	créé
que nous	eussions	créé
que vous	eussiez	créé
qu'ils	eussent	créé

Conditionnel

Présent
je	créerais
tu	créerais
il	créerait
nous	créerions
vous	créeriez
ils	créeraient

Passé
j'	aurais	créé
tu	aurais	créé
il	aurait	créé
nous	aurions	créé
vous	auriez	créé
ils	auraient	créé

Participe

Présent
créant

Passé
créé(e)

Gérondif
en créant

Impératif
crée
créons
créez

Infinitif
passé
avoir créé

créer *schaffen*

 Anwendungsbeispiele

Il **a créé** un spectacle formidable. *Er **hat** eine tolle Aufführung **inszeniert**.*
Ce rôle **a été créé** spécialement pour lui. *Diese Rolle **wurde** extra für ihn geschaffen.*
Ce médecin **s'est** rapidement **créé** une clientèle. *Dieser Arzt **hat sich** schnell einen Kundenstamm **aufgebaut**.*
Dieu **créa** le ciel et la terre. *Gott **schuf** den Himmel und die Erde.*

 Redewendungen

créer de nouveaux emplois *neue Arbeitsplätze schaffen*
créer une entreprise *ein Unternehmen gründen*
créer de nouveaux marchés *neue Märkte erschließen*
créer des problèmes *Probleme bereiten*
créer des ennuis à qn. *jdm. Sorgen bereiten*
se créer des ennuis *sich Ärger einhandeln*
créer une œuvre artistique *ein Kunstwerk erschaffen*

 Ähnliche Verben

faire *tun*
former *bilden*
constituer *gründen*
concevoir *entwerfen*
causer *verursachen*

recréer *neu erschaffen*
procréer *zeugen*

 Aufgepasst!

Bei den Verben auf **-éer** bleibt in allen Formen das **-é** erhalten, da es Teil des Verbstamms ist.
Achten Sie auf die Häufung von **-é/-e** in der femininen Form des Participe passé:
Cette pièce de théâtre a été **créée** en 1960. *Dieses Theaterstück **wurde** 1960 zum ersten Mal **aufgeführt**.*

 Tipps & Tricks

Die Verben agréer *annehmen* und maugréer *schimpfen* werden nach dem gleichen Konjugationsmuster konjugiert (▷ Alphabetische Verbliste).

83

3. Gruppe

 croire *glauben*

Indicatif

Présent
je	crois
tu	crois
il	croit
nous	croyons
vous	croyez
ils	croient

Imparfait
je	croyais
tu	croyais
il	croyait
nous	croyions
vous	croyiez
ils	croyaient

Passé simple
je	crus
tu	crus
il	crut
nous	crûmes
vous	crûtes
ils	crurent

Futur simple
je	croirai
tu	croiras
il	croira
nous	croirons
vous	croirez
ils	croiront

Conditionnel

Présent
je	croirais
tu	croirais
il	croirait
nous	croirions
vous	croiriez
ils	croiraient

Passé composé
j'	ai	cru
tu	as	cru
il	a	cru
nous	avons	cru
vous	avez	cru
ils	ont	cru

Plus-que-parfait
j'	avais	cru
tu	avais	cru
il	avait	cru
nous	avions	cru
vous	aviez	cru
ils	avaient	cru

Passé antérieur
j'	eus	cru
tu	eus	cru
il	eut	cru
nous	eûmes	cru
vous	eûtes	cru
ils	eurent	cru

Futur antérieur
j'	aurai	cru
tu	auras	cru
il	aura	cru
nous	aurons	cru
vous	aurez	cru
ils	auront	cru

Passé
j'	aurais	cru
tu	aurais	cru
il	aurait	cru
nous	aurions	cru
vous	auriez	cru
ils	auraient	cru

Subjonctif

Présent
que je	croie
que tu	croies
qu'il	croie
que nous	croyions
que vous	croyiez
qu'ils	croient

Imparfait
que je	crusse
que tu	crusses
qu'il	crût
que nous	crussions
que vous	crussiez
qu'ils	crussent

Passé
que j'	aie	cru
que tu	aies	cru
qu'il	ait	cru
que nous	ayons	cru
que vous	ayez	cru
qu'ils	aient	cru

Plus-que-parfait
que j'	eusse	cru
que tu	eusses	cru
qu'il	eût	cru
que nous	eussions	cru
que vous	eussiez	cru
qu'ils	eussent	cru

Participe

Présent
croyant

Passé
cru(e)

Gérondif
en croyant

Impératif
crois
croyons
croyez

Infinitif
passé
avoir cru

croire *glauben*

 Anwendungsbeispiele

Je te **crois**. *Ich **glaube** dir.*
Il dit la vérité, **crois**-moi. *Er sagt die Wahrheit, das kannst du mir **glauben**.*
Je **crois que** vous avez raison. *Ich **glaube**, **dass** Sie recht haben.*
Désolée, je **croyais** arriver plus tôt. *Tut mir leid, ich **dachte**, **dass** ich früher ankommen würde.*
Il **a cru à** une erreur de calcul. *Er **hat geglaubt**, es wäre ein Rechenfehler.*
A en croire les journaux, l'inflation a baissé. *Wenn man den Zeitungen **Glauben schenken will**, ist die Inflation zurückgegangen.*
Il **se croit** persécuté. *Er **leidet** an Verfolgungswahn.*

 Redewendungen

croire aux miracles *an Wunder glauben*
croire en Dieu *an Gott glauben*
croire qn. sur parole *jdm. aufs Wort glauben*
faire croire qc. à qn. *jdn. etw. glauben lassen*
se croire *sich für etw. halten*
ne pas en croire ses yeux *seinen Augen nicht trauen*

 Andere Verben

douter *zweifeln*
contester *zweifeln/widersprechen*
nier *leugnen*
soupçonner *verdächtigen*

 Gebrauch

Das Verb croire que wird im Aussagesatz mit dem Indicatif verwendet, in der Verneinung und in der Inversionsfrage jedoch mit dem Subjonctif:
Je **crois qu'**il **est** doué. *Ich **glaube**, dass er begabt **ist**.*
Croyez-vous qu'il **soit** doué ? *Glauben Sie, dass er begabt ist?*
Je **ne crois pas qu'**il **soit** doué. *Ich **glaube nicht**, dass er begabt **ist**.*

3. Gruppe

26 **croître** *wachsen*

Indicatif

Présent
je	croîs
tu	croîs
il	croît
nous	croissons
vous	croissez
ils	croissent

Imparfait
je	croissais
tu	croissais
il	croissait
nous	croissions
vous	croissiez
ils	croissaient

Passé simple
je	crûs
tu	crûs
il	crût
nous	crûmes
vous	crûtes
ils	crûrent

Futur simple
je	croîtrai
tu	croîtras
il	croîtra
nous	croîtrons
vous	croîtrez
ils	croîtront

Passé composé
j'	ai	crû
tu	as	crû
il	a	crû
nous	avons	crû
vous	avez	crû
ils	ont	crû

Plus-que-parfait
j'	avais	crû
tu	avais	crû
il	avait	crû
nous	avions	crû
vous	aviez	crû
ils	avaient	crû

Passé antérieur
j'	eus	crû
tu	eus	crû
il	eut	crû
nous	eûmes	crû
vous	eûtes	crû
ils	eurent	crû

Futur antérieur
j'	aurai	crû
tu	auras	crû
il	aura	crû
nous	aurons	crû
vous	aurez	crû
ils	auront	crû

Subjonctif

Présent
que je	croisse
que tu	croisses
qu'il	croisse
que nous	croissions
que vous	croissiez
qu'ils	croissent

Imparfait
que je	crûsse
que tu	crûsses
qu'il	crût
que nous	crûssions
que vous	crûssiez
qu'ils	crûssent

Passé
que j'	aie	crû
que tu	aies	crû
qu'il	ait	crû
que nous	ayons	crû
que vous	ayez	crû
qu'ils	aient	crû

Plus-que-parfait
que j'	eusse	crû
que tu	eusses	crû
qu'il	eût	crû
que nous	eussions	crû
que vous	eussiez	crû
qu'ils	eussent	crû

Conditionnel

Présent
je	croîtrais
tu	croîtrais
il	croîtrait
nous	croîtrions
vous	croîtriez
ils	croîtraient

Passé
j'	aurais	crû
tu	aurais	crû
il	aurait	crû
nous	aurions	crû
vous	auriez	crû
ils	auraient	crû

Participe

Présent
croissant

Passé
crû/cru(e)s

Gérondif
en croissant

Impératif
croîs
croissons
croissez

Infinitif passé
avoir crû

croître *wachsen*

 Anwendungsbeispiele

Cet arbre **croît** très lentement. *Dieser Baum* ***wächst*** *sehr langsam.*
Il **croît** du café sur ces terres. *Auf diesem Boden* ***wächst*** *Kaffee.*
La lune **croît**. *Der Mond* ***nimmt zu.***
L'année dernière, la production de blé **a crû de** 5 %. *Die Weizenproduktion ist letztes Jahr um 5 %* ***gestiegen.***
Leurs difficultés **vont croissant**. *Ihre Schwierigkeiten* ***nehmen zu.***

 Redewendungen

ne pas cesser de croître *nicht aufhören zu wachsen*
croître en beauté *hübscher werden*
croître en intensité *stärker werden*
croître en valeur *wertvoller werden*
se laisser croître la barbe *sich einen Bart wachsen lassen*

 Ähnliche Verben

augmenter *zunehmen*   accroître *vergrößern/verstärken*
pousser *wachsen/gedeihen*   décroître *abnehmen/sich verringern*
grandir *wachsen/größer werden*
grossir *zunehmen*
se développer *sich entwickeln*

 Aufgepasst!

Achten Sie bitte darauf, dass vor dem -t stets der Accent circonflexe steht. Dies ist auch bei all jenen Formen der Fall, wo der Accent circonflexe nötig ist, um croître von croire zu unterscheiden:
Tu croîs en sagesse. *Du wirst immer weiser.* (aber: tu crois *du glaubst*)
Il a beaucoup crû ces derniers jours. *Er hat in den letzen Tagen stark zugenommen.* (aber: il a cru *er hat geglaubt*)
Im Femininum sowie im Plural steht das Participe passé ohne den Accent circonflexe: La rivière est crue. *Der Fluss steigt.*

 Tipps & Tricks

Auch accroître *zunehmen* und décroître *abnehmen* folgen diesem Konjugationsmuster (▷ Alphabetische Verbliste). Bei diesen Verben steht das -î nur vor dem -t. Das Participe passé von décroître ist unveränderlich.

87

3. Gruppe

 cueillir *pflücken*

Indicatif
Présent
je	cueille
tu	cueilles
il	cueille
nous	cueillons
vous	cueillez
ils	cueillent

Imparfait
je	cueillais
tu	cueillais
il	cueillait
nous	cueillions
vous	cueilliez
ils	cueillaient

Passé simple
je	cueillis
tu	cueillis
il	cueillit
nous	cueillîmes
vous	cueillîtes
ils	cueillirent

Futur simple
je	cueillerai
tu	cueilleras
il	cueillera
nous	cueillerons
vous	cueillerez
ils	cueilleront

Passé composé
j'	ai	cueilli
tu	as	cueilli
il	a	cueilli
nous	avons	cueilli
vous	avez	cueilli
ils	ont	cueilli

Plus-que-parfait
j'	avais	cueilli
tu	avais	cueilli
il	avait	cueilli
nous	avions	cueilli
vous	aviez	cueilli
ils	avaient	cueilli

Passé antérieur
j'	eus	cueilli
tu	eus	cueilli
il	eut	cueilli
nous	eûmes	cueilli
vous	eûtes	cueilli
ils	eurent	cueilli

Futur antérieur
j'	aurai	cueilli
tu	auras	cueilli
il	aura	cueilli
nous	aurons	cueilli
vous	aurez	cueilli
ils	auront	cueilli

Subjonctif
Présent
que je	cueille
que tu	cueilles
qu'il	cueille
que nous	cueillions
que vous	cueilliez
qu'ils	cueillent

Imparfait
que je	cueillisse
que tu	cueillisses
qu'il	cueillît
que nous	cueillissions
que vous	cueillissiez
qu'ils	cueillissent

Passé
que j'	aie	cueilli
que tu	aies	cueilli
qu'il	ait	cueilli
que nous	ayons	cueilli
que vous	ayez	cueilli
qu'ils	aient	cueilli

Plus-que-parfait
que j'	eusse	cueilli
que tu	eusses	cueilli
qu'il	eût	cueilli
que nous	eussions	cueilli
que vous	eussiez	cueilli
qu'ils	eussent	cueilli

Conditionnel
Présent
je	cueillerais
tu	cueillerais
il	cueillerait
nous	cueillerions
vous	cueilleriez
ils	cueilleraient

Passé
j'	aurais	cueilli
tu	aurais	cueilli
il	aurait	cueilli
nous	aurions	cueilli
vous	auriez	cueilli
ils	auraient	cueilli

Participe
Présent
cueillant

Passé
cueilli(e)

Gérondif
en cueillant

Impératif
cueille
cueillons
cueillez

Infinitif
passé
avoir cueilli

cueillir *pflücken*

 Anwendungsbeispiele

Allons **cueillir** les cerises dans le verger ! *Lasst uns die Kirschen im Obstgarten ernten!*
Ces fruits sont prêts à **cueillir**. *Diese Früchte können **geerntet werden**.*
Il est venu nous **cueillir à** la gare. *Er hat uns am Bahnhof **abgeholt**.*
Les fraises **se cueillent à** la main. *Erdbeeren werden **von Hand geerntet**.*
Le voleur s'est fait **cueillir** à la sortie de la banque. *Der Dieb **wurde** am Ausgang der Bank **erwischt**.*

 Redewendungen

cueillir des champignons *Pilze sammeln*
cueillir des fraises *Erdbeeren pflücken*
cueillir des fleurs *Blumen pflücken*
cueillir un voleur *einen Dieb schnappen*
cueillir un baiser *einen Kuss erhaschen*
se faire cueillir *sich erwischen lassen*

 Ähnliche Verben

ramasser *sammeln*
récolter *ernten*
chercher *holen/suchen*
arrêter *festnehmen/schnappen*

accueillir *empfangen/aufnehmen*
recueillir *sammeln/gewinnen*

 Aufgepasst!

Achten Sie bitte auch auf die Schreibweise und die Aussprache von **cue**i**ll**ir!

Außer im Passé simple, im Subjonctif imparfait und beim Participe passé hat cueillir das gleiche Konjugationsmuster wie ein Verb der 1. Gruppe:
Elle cueille des roses. *Sie pflückt Rosen.*
Elle cueillait des roses. *Sie pflückte Rosen.*
Je cueillerai des cèpes. *Ich werde Steinpilze sammeln.*

 Tipps & Tricks

Die Verben accueillir *empfangen/aufnehmen* und recueillir *sammeln/gewinnen* haben das gleiche Konjugationsmuster (▷ Alphabetische Verbliste).

3. Gruppe

devoir *müssen* — Modalverb

Indicatif

Présent
je	dois
tu	dois
il	doit
nous	devons
vous	devez
ils	doivent

Passé composé
j'	ai	dû
tu	as	dû
il	a	dû
nous	avons	dû
vous	avez	dû
ils	ont	dû

Imparfait
je	devais
tu	devais
il	devait
nous	devions
vous	deviez
ils	devaient

Plus-que-parfait
j'	avais	dû
tu	avais	dû
il	avait	dû
nous	avions	dû
vous	aviez	dû
ils	avaient	dû

Passé simple
je	dus
tu	dus
il	dut
nous	dûmes
vous	dûtes
ils	durent

Passé antérieur
j'	eus	dû
tu	eus	dû
il	eut	dû
nous	eûmes	dû
vous	eûtes	dû
ils	eurent	dû

Futur simple
je	devrai
tu	devras
il	devra
nous	devrons
vous	devrez
ils	devront

Futur antérieur
j'	aurai	dû
tu	auras	dû
il	aura	dû
nous	aurons	dû
vous	aurez	dû
ils	auront	dû

Conditionnel

Présent
je	devrais
tu	devrais
il	devrait
nous	devrions
vous	devriez
ils	devraient

Passé
j'	aurais	dû
tu	aurais	dû
il	aurait	dû
nous	aurions	dû
vous	auriez	dû
ils	auraient	dû

Subjonctif

Présent
que je	doive
que tu	doives
qu' il	doive
que nous	devions
que vous	deviez
qu' ils	doivent

Imparfait
que je	dusse
que tu	dusses
qu' il	dût
que nous	dussions
que vous	dussiez
qu' ils	dussent

Passé
que j'	aie	dû
que tu	aies	dû
qu' il	ait	dû
que nous	ayons	dû
que vous	ayez	dû
qu' ils	aient	dû

Plus-que-parfait
que j'	eusse	dû
que tu	eusses	dû
qu' il	eût	dû
que nous	eussions	dû
que vous	eussiez	dû
qu' ils	eussent	dû

Participe

Présent
devant

Passé
dû/due/du(e)s

Gérondif
en devant

Impératif
dois
devons
devez

Infinitif passé
avoir dû

devoir *müssen*

 Anwendungsbeispiele

N'oublie pas que tu **dois** de l'argent **au** fisc ! *Vergiss nicht, dass du dem Finanzamt Geld schuldest!*
Combien je vous **dois** ? *Wie viel schulde ich Ihnen?*
Cela m'**est dû**. *Es steht mir zu.*
Tu ne **dois** plus faire ça ! *Das darfst du nicht mehr tun!*
Comme il **se doit**. *Wie es sich gehört.*
Il **a dû** s'absenter. *Er muss wohl weggegangen sein.*
Cela **devait** arriver ! *Es war klar, dass das passieren würde!*
Si cela **devait** arriver, je partirais. *Sollte das eintreten, würde ich gehen.*
Tu **devrais** avoir honte ! *Du solltest dich schämen!*

 Sprichwörter

Fais ce que tu **dois**, advienne que pourra. *Tu, was du musst, komme, was wolle.*
Promesse fait **devoir**. *Versprechen muss man halten.*
Devoir à Dieu et au diable. *Gott und dem Teufel schuldig sein.*

 Ähnliche Verben

être obligé de faire qc. *verpflichtet sein, etw. zu tun*
être probable que … *wahrscheinlich sein, dass …*

 Gebrauch

Das Verb devoir wird meist mit einer Infinitivergänzung verwendet und drückt eine Wahrscheinlichkeit oder eine Pflicht aus:
Je **dois** terminer mon travail d'ici demain. *Ich muss meine Arbeit bis morgen fertigbringen.*
Le soleil se lève. Il **doit** être six heures. *Die Sonne geht auf. Es muss sechs Uhr sein.*
Prägen Sie sich die verschiedenen Übersetzungsmöglichkeiten in den Anwendungsbeispielen oben gut ein! Das Verb devoir kann im Deutschen *müssen, sollen* oder auch *dürfen* heißen.

3. Gruppe

 dire *sagen*

Indicatif

Présent
je	dis
tu	dis
il	dit
nous	disons
vous	dites
ils	disent

Imparfait
je	disais
tu	disais
il	disait
nous	disions
vous	disiez
ils	disaient

Passé simple
je	dis
tu	dis
il	dit
nous	dîmes
vous	dîtes
ils	dirent

Futur simple
je	dirai
tu	diras
il	dira
nous	dirons
vous	direz
ils	diront

Passé composé
j'	ai	dit
tu	as	dit
il	a	dit
nous	avons	dit
vous	avez	dit
ils	ont	dit

Plus-que-parfait
j'	avais	dit
tu	avais	dit
il	avait	dit
nous	avions	dit
vous	aviez	dit
ils	avaient	dit

Passé antérieur
j'	eus	dit
tu	eus	dit
il	eut	dit
nous	eûmes	dit
vous	eûtes	dit
ils	eurent	dit

Futur antérieur
j'	aurai	dit
tu	auras	dit
il	aura	dit
nous	aurons	dit
vous	aurez	dit
ils	auront	dit

Subjonctif

Présent
que je	dise
que tu	dises
qu'il	dise
que nous	disions
que vous	disiez
qu'ils	disent

Imparfait
que je	disse
que tu	disses
qu'il	dît
que nous	dissions
que vous	dissiez
qu'ils	dissent

Passé
que j'	aie	dit
que tu	aies	dit
qu'il	ait	dit
que nous	ayons	dit
que vous	ayez	dit
qu'ils	aient	dit

Plus-que-parfait
que j'	eusse	dit
que tu	eusses	dit
qu'il	eût	dit
que nous	eussions	dit
que vous	eussiez	dit
qu'ils	eussent	dit

Conditionnel

Présent
je	dirais
tu	dirais
il	dirait
nous	dirions
vous	diriez
ils	diraient

Passé
j'	aurais	dit
tu	aurais	dit
il	aurait	dit
nous	aurions	dit
vous	auriez	dit
ils	auraient	dit

Participe

Présent
disant

Passé
dit(e)

Gérondif
en disant

Impératif
dis
disons
dites

Infinitif passé
avoir dit

dire *sagen*

 Anwendungsbeispiele

Il **dit à** son fils de faire moins de bruit. *Er sagt seinem Sohn, dass er leiser sein soll.*
Elle **a dit** qu'elle était malade. *Sie hat gesagt, dass sie krank ist.*
Son père **dit** être fatigué. *Ihr Vater behauptet, müde zu sein.*
Tu lui feras **dire** que j'ai aimé son livre. *Lass ihm bitte ausrichten, dass mir sein Buch gut gefallen hat.*
On **dirait que** vous allez mieux ! *Man könnte meinen, dass es Ihnen besser geht!*
Mon nom ne lui **dira** rien. *Mein Name wird ihm nichts sagen.*

 Redewendungen

dire bonjour *Hallo sagen/grüßen*
dire qc. tout haut/tout bas *etw. laut/leise sagen*
trouver qc. à dire *etw. zu sagen haben*
dire du bien/du mal de qn. *Gutes/Schlechtes über jdn. sagen*

 Ähnliche Verben

prononcer *aussprechen*
expliquer *erklären*
affirmer *behaupten*
raconter *erzählen*

contredire *widersprechen*
interdire *verbieten*
médire *schlecht über jdn. sprechen*
redire *wieder/noch mal sagen*

 Aufgepasst!

Achten Sie bitte auf das **-t** in der 2. Person Plural des Indicatif présent und des Impératif:
Qu'est-ce que vous di**tes** ? *Was sagen Sie?*
Di**tes**-moi ce que vous allez faire. *Sagen Sie mir, was Sie machen werden.*
Diese Schreibweise gilt aber nicht für die Verben contredire *widersprechen*, interdire *verbieten*, médire *schlecht über jdn. sprechen* und prédire *vorhersagen*:
Vous me contredi**sez** tout le temps ! *Sie widersprechen mir dauernd!*

3. Gruppe

(30) dormir *schlafen*

Indicatif

Présent

je	dors
tu	dors
il	dort
nous	dormons
vous	dormez
ils	dorment

Passé composé

j'	ai	dormi
tu	as	dormi
il	a	dormi
nous	avons	dormi
vous	avez	dormi
ils	ont	dormi

Imparfait

je	dormais
tu	dormais
il	dormait
nous	dormions
vous	dormiez
ils	dormaient

Plus-que-parfait

j'	avais	dormi
tu	avais	dormi
il	avait	dormi
nous	avions	dormi
vous	aviez	dormi
ils	avaient	dormi

Passé simple

je	dormis
tu	dormis
il	dormit
nous	dormîmes
vous	dormîtes
ils	dormirent

Passé antérieur

j'	eus	dormi
tu	eus	dormi
il	eut	dormi
nous	eûmes	dormi
vous	eûtes	dormi
ils	eurent	dormi

Futur simple

je	dormirai
tu	dormiras
il	dormira
nous	dormirons
vous	dormirez
ils	dormiront

Futur antérieur

j'	aurai	dormi
tu	auras	dormi
il	aura	dormi
nous	aurons	dormi
vous	aurez	dormi
ils	auront	dormi

Conditionnel

Présent

je	dormirais
tu	dormirais
il	dormirait
nous	dormirions
vous	dormiriez
ils	dormiraient

Passé

j'	aurais	dormi
tu	aurais	dormi
il	aurait	dormi
nous	aurions	dormi
vous	auriez	dormi
ils	auraient	dormi

Subjonctif

Présent

que je	dorme
que tu	dormes
qu' il	dorme
que nous	dormions
que vous	dormiez
qu' ils	dorment

Imparfait

que je	dormisse
que tu	dormisses
qu' il	dormît
que nous	dormissions
que vous	dormissiez
qu' ils	dormissent

Passé

que j'	aie	dormi
que tu	aies	dormi
qu' il	ait	dormi
que nous	ayons	dormi
que vous	ayez	dormi
qu' ils	aient	dormi

Plus-que-parfait

que j'	eusse	dormi
que tu	eusses	dormi
qu' il	eût	dormi
que nous	eussions	dormi
que vous	eussiez	dormi
qu' ils	eussent	dormi

Participe

Présent

dormant

Passé

dormi

Gérondif

en dormant

Impératif

dors
dormons
dormez

Infinitif passé

avoir dormi

94

dormir *schlafen*

Anwendungsbeispiele

Elle **dort** mal. *Sie schläft schlecht.*
Nous **avons dormi chez** des amis. *Wir haben bei Freunden übernachtet.*
Je ne **dormais** que d'un œil. *Ich war nur im Halbschlaf.*
Cela ne m'empêche pas de **dormir**. *Das bereitet mir keine schlaflosen Nächte.*
Le bébé **dort à** poings fermés. *Das Baby schläft ganz tief.*
L'homme **dormait en** paix. *Der Mann ruhte in Frieden.*
Je n'**en dors** plus. *Das bringt mich um den Schlaf.*
Tu **dors** debout. *Du schläfst im Stehen (ein).*
C'est une histoire à **dormir** debout. *Das ist eine verrückte Geschichte.*
Son argent **dort à** la banque. *Sein Geld liegt nutzlos auf der Bank.*
J'**ai dormi comme** un loir. *Ich habe wie ein Murmeltier geschlafen.*

Witz

« Mon cher Monsieur, savez-vous que votre chien aboie toutes les nuits ? »
« Oh, ça ne fait rien, il **dort** dans la journée ! »

Ähnliche Verben

sommeiller *schlummern*   (s')endormir *einschlafen*
somnoler *dösen*   (se) rendormir *wieder einschlafen*
(se) reposer *(sich) ausruhen/ruhen*
se coucher *ins Bett gehen*

Aufgepasst!

Das Participe passé von dormir ist unveränderlich:
Les enfants **ont** bien **dormi**. *Die Kinder haben gut geschlafen.*
Dies gilt jedoch nicht für die Verben (s')endormir *einschlafen* und (se) rendormir *wieder einschlafen*:
Les enfants **s'étaient endormis**. *Die Kinder waren eingeschlafen.*
Elles **se sont** vite **rendormies**. *Sie sind schnell wieder eingeschlafen.*

3. Gruppe

31 écrire *schreiben*

Indicatif

Présent
j'	écris
tu	écris
il	écrit
nous	écrivons
vous	écrivez
ils	écrivent

Passé composé
j'	ai	écrit
tu	as	écrit
il	a	écrit
nous	avons	écrit
vous	avez	écrit
ils	ont	écrit

Imparfait
j'	écrivais
tu	écrivais
il	écrivait
nous	écrivions
vous	écriviez
ils	écrivaient

Plus-que-parfait
j'	avais	écrit
tu	avais	écrit
il	avait	écrit
nous	avions	écrit
vous	aviez	écrit
ils	avaient	écrit

Passé simple
j'	écrivis
tu	écrivis
il	écrivit
nous	écrivîmes
vous	écrivîtes
ils	écrivirent

Passé antérieur
j'	eus	écrit
tu	eus	écrit
il	eut	écrit
nous	eûmes	écrit
vous	eûtes	écrit
ils	eurent	écrit

Futur simple
j'	écrirai
tu	écriras
il	écrira
nous	écrirons
vous	écrirez
ils	écriront

Futur antérieur
j'	aurai	écrit
tu	auras	écrit
il	aura	écrit
nous	aurons	écrit
vous	aurez	écrit
ils	auront	écrit

Conditionnel

Présent
j'	écrirais
tu	écrirais
il	écrirait
nous	écririons
vous	écririez
ils	écriraient

Passé
j'	aurais	écrit
tu	aurais	écrit
il	aurait	écrit
nous	aurions	écrit
vous	auriez	écrit
ils	auraient	écrit

Subjonctif

Présent
que j'	écrive
que tu	écrives
qu' il	écrive
que nous	écrivions
que vous	écriviez
qu' ils	écrivent

Imparfait
que j'	écrivisse
que tu	écrivisses
qu' il	écrivît
que nous	écrivissions
que vous	écrivissiez
qu' ils	écrivissent

Passé
que j'	aie	écrit
que tu	aies	écrit
qu' il	ait	écrit
que nous	ayons	écrit
que vous	ayez	écrit
qu' ils	aient	écrit

Plus-que-parfait
que j'	eusse	écrit
que tu	eusses	écrit
qu' il	eût	écrit
que nous	eussions	écrit
que vous	eussiez	écrit
qu' ils	eussent	écrit

Participe

Présent
écrivant

Passé
écrit(e)

Gérondif
en écrivant

Impératif
écris
écrivons
écrivez

Infinitif
passé
avoir écrit

écrire *schreiben*

 Anwendungsbeispiele

L'enfant **a écrit** son nom **au** tableau. *Das Kind hat seinen Namen auf die Tafel geschrieben.*
Ecrivez vos noms et adresses **sur** une feuille papier. *Schreiben Sie bitte Ihre Namen und Adressen auf ein Blatt Papier.*
Je venais d'**écrire** une lettre **à** mes parents. *Ich hatte gerade meinen Eltern einen Brief geschrieben.*
C'est écrit dans le journal. *Es steht in der Zeitung.*
Comment votre nom **s'écrit**-il ? *Wie schreibt man Ihren Namen?*
Il **est écrit** que nous raterons toujours le début du film. *Es ist anscheinend Schicksal, dass wir immer den Anfang des Films verpassen.*

Redewendungen

écrire à la main/à l'ordinateur *mit der Hand/mit dem Computer schreiben*
écrire au crayon à papier/au stylo *mit dem Bleistift/Kugelschreiber schreiben*
ne savoir ni lire ni écrire *weder lesen noch schreiben können*
écrire en toutes lettres *schwarz auf weiß (geschrieben) besitzen*
écrire un livre/un roman/un poème *ein Buch/einen Roman/ein Gedicht schreiben*

 Ähnliche Verben

rédiger *schreiben*   décrire *beschreiben*
correspondre *schreiben/korrespondieren*   récrire *wieder schreiben*
expliquer *erklären*
inscrire *aufschreiben*

 Aufgepasst!

Prägen Sie sich die Schreibweise des Participe passé mit -it ein:
C'est écrit à la page 10. *Es steht auf Seite 10.*
Beachten Sie ferner die Stammänderungen auf **écriv-** in vielen Formen:
Je veux que tu **écrives** cette lettre immédiatement. *Ich will, dass du diesen Brief sofort schreibst.*

Tipps & Tricks

Die Wörter l'**écriture** *die Schreibweise*, l'**écrivain(e)** *der Schriftsteller/die Schriftstellerin* und l'**écriteau** *das Schild* gehören der gleichen Wortfamilie an.

1. Gruppe

 employer *beschäftigen/verwenden*   -y → -i vor stummem -e

Indicatif
Présent
j'	emploie
tu	emploies
il	emploie
nous	employons
vous	employez
ils	emploient

Imparfait
j'	employais
tu	employais
il	employait
nous	employions
vous	employiez
ils	employaient

Passé simple
j'	employai
tu	employas
il	employa
nous	employâmes
vous	employâtes
ils	employèrent

Futur simple
j'	emploierai
tu	emploieras
il	emploiera
nous	emploierons
vous	emploierez
ils	emploieront

Passé composé
j'	ai	employé
tu	as	employé
il	a	employé
nous	avons	employé
vous	avez	employé
ils	ont	employé

Plus-que-parfait
j'	avais	employé
tu	avais	employé
il	avait	employé
nous	avions	employé
vous	aviez	employé
ils	avaient	employé

Passé antérieur
j'	eus	employé
tu	eus	employé
il	eut	employé
nous	eûmes	employé
vous	eûtes	employé
ils	eurent	employé

Futur antérieur
j'	aurai	employé
tu	auras	employé
il	aura	employé
nous	aurons	employé
vous	aurez	employé
ils	auront	employé

Subjonctif
Présent
que j'	emploie
que tu	emploies
qu' il	emploie
que nous	employions
que vous	employiez
qu' ils	emploient

Imparfait
que j'	employasse
que tu	employasses
qu' il	employât
que nous	employassions
que vous	employassiez
qu' ils	employassent

Passé
que j'	aie	employé
que tu	aies	employé
qu' il	ait	employé
que nous	ayons	employé
que vous	ayez	employé
qu' ils	aient	employé

Plus-que-parfait
que j'	eusse	employé
que tu	eusses	employé
qu' il	eût	employé
que nous	eussions	employé
que vous	eussiez	employé
qu' ils	eussent	employé

Conditionnel
Présent
j'	emploierais
tu	emploierais
il	emploierait
nous	emploierions
vous	emploieriez
ils	emploieraient

Passé
j'	aurais	employé
tu	aurais	employé
il	aurait	employé
nous	aurions	employé
vous	auriez	employé
ils	auraient	employé

Participe
Présent
employant

Passé
employé(e)

Gérondif
en employant

Impératif
emploie
employons
employez

Infinitif
passé
avoir employé

employer beschäftigen/verwenden

 Anwendungsbeispiele

Cette entreprise **employait** plus de mille personnes. *Diese Firma beschäftigte mehr als tausend Mitarbeiter.*
On l'**emploie à** de menus travaux. *Wir setzen ihn für Kleinarbeiten ein.*
Le gouvernement **s'emploie à** réduire le chômage. *Die Regierung setzt sich dafür ein, dass die Arbeitslosigkeit zurückgeht.*
Ce mot ne **s'emploie** plus. *Dieses Wort wird nicht mehr verwendet.*

 Redewendungen

employer les grands moyens *zum letzten Mittel greifen*
employer la force *Gewalt anwenden*
employer des heures à faire qc. *Stunden brauchen, um etw. zu tun*
être employé dans une entreprise *bei einer Firma angestellt sein*
s'employer de son mieux à faire qc. *sein Bestes/Möglichstes geben, um etw. zu tun*
employer une certaine somme d'argent pour qc. *eine bestimmte Geldsumme für etw. ver-/aufwenden*

 Ähnliche Verben

utiliser *verwenden*	réemployer *wieder verwenden/einstellen*
se servir de *benutzen*	
recourir à *zurückgreifen auf*	
embaucher *einstellen*	
engager *einstellen*	

 Aufgepasst!

Achten Sie auf den Wechsel von **-y** zu **-i** vor einem stummen **-e**:
Nous **emploierons** un mélange de bleu et de vert. *Wir werden eine Mischung aus Blau und Grün verwenden.*
Cette société **emploie** beaucoup d'ingénieurs. *Diese Firma beschäftigt viele Ingenieure.*

 Tipps & Tricks

Lernen Sie auch gleich noch ein paar Wörter der gleichen Wortfamilie mit: un/une employé(e) *ein(e) Angestellte(r)*, un emploi *ein Arbeitsplatz* und un employeur *ein Arbeitgeber*.

1. Gruppe

(33) envoyer *senden*

-y → -i vor stummem -e

Indicatif

Présent
j'	envoie
tu	envoies
il	envoie
nous	envoyons
vous	envoyez
ils	envoient

Passé composé
j'	ai	envoyé
tu	as	envoyé
il	a	envoyé
nous	avons	envoyé
vous	avez	envoyé
ils	ont	envoyé

Imparfait
j'	envoyais
tu	envoyais
il	envoyait
nous	envoyions
vous	envoyiez
ils	envoyaient

Plus-que-parfait
j'	avais	envoyé
tu	avais	envoyé
il	avait	envoyé
nous	avions	envoyé
vous	aviez	envoyé
ils	avaient	envoyé

Passé simple
j'	envoyai
tu	envoyas
il	envoya
nous	envoyâmes
vous	envoyâtes
ils	envoyèrent

Passé antérieur
j'	eus	envoyé
tu	eus	envoyé
il	eut	envoyé
nous	eûmes	envoyé
vous	eûtes	envoyé
ils	eurent	envoyé

Futur simple
j'	enverrai
tu	enverras
il	enverra
nous	enverrons
vous	enverrez
ils	enverront

Futur antérieur
j'	aurai	envoyé
tu	auras	envoyé
il	aura	envoyé
nous	aurons	envoyé
vous	aurez	envoyé
ils	auront	envoyé

Conditionnel

Présent
j'	enverrais
tu	enverrais
il	enverrait
nous	enverrions
vous	enverriez
ils	enverraient

Passé
j'	aurais	envoyé
tu	aurais	envoyé
il	aurait	envoyé
nous	aurions	envoyé
vous	auriez	envoyé
ils	auraient	envoyé

Subjonctif

Présent
que j'	envoie
que tu	envoies
qu' il	envoie
que nous	envoyions
que vous	envoyiez
qu' ils	envoient

Imparfait
que j'	envoyasse
que tu	envoyasses
qu' il	envoyât
que nous	envoyassions
que vous	envoyassiez
qu' ils	envoyassent

Passé
que j'	aie	envoyé
que tu	aies	envoyé
qu' il	ait	envoyé
que nous	ayons	envoyé
que vous	ayez	envoyé
qu' ils	aient	envoyé

Plus-que-parfait
que j'	eusse	envoyé
que tu	eusses	envoyé
qu' il	eût	envoyé
que nous	eussions	envoyé
que vous	eussiez	envoyé
qu' ils	eussent	envoyé

Participe

Présent
envoyant

Passé
envoyé(e)

Gérondif
en envoyant

Impératif
envoie
envoyons
envoyez

Infinitif
passé
avoir envoyé

100

envoyer *senden*

 Anwendungsbeispiele
J'**ai envoyé** mon fils **à** la boulangerie. *Ich habe meinen Sohn zur Bäckerei geschickt.*
Elle **a envoyé** Paul faire les courses. *Sie hat Paul zum Einkaufen geschickt.*
Il lui **a envoyé** un e-mail hier. *Er hat ihr gestern eine E-Mail geschickt.*
Ils **s'envoient** de longues lettres. *Sie schicken sich lange Briefe.*
Envoyez le film ! *Film ab!*
Il **a** tout **envoyé** promener. *Er hat alles aufgegeben.*

 Redewendungen
envoyer une invitation à qn. *jdm. eine Einladung schicken*
envoyer qc. par la poste *etw. mit der Post versenden*
envoyer chercher qn. *jdn. abholen (lassen)*
envoyer promener qn. *jdn. abwimmeln*
envoyer ses vœux *eine Neujahrskarte schreiben*

 Ähnliche Verben
expédier *schicken*   renvoyer *zurückschicken*
déclencher *auslösen*
(se) transmettre *sich (zu)schicken*
adresser *schicken*

 Aufgepasst!
Achten Sie bitte auf die Schreibweise mit -i vor einem stummen -e:
Je t'**envoie** toute mon amitié. *Liebe Grüße*

Das Verb **envoyer** ist im Futur simple und im Conditionnel présent unregelmäßig:
Demain, je t'**enverrai** un paquet par la poste. *Morgen werde ich dir ein Paket mit der Post schicken.*
S'il allait mieux, le médecin l'**enverrait** se reposer à la montagne. *Wenn es ihm besser ginge, würde ihn der Arzt zur Erholung in die Berge schicken.*

 Tipps & Tricks
Das Verb renvoyer *zurückschicken* hat das gleiche Konjugationsmuster (▷ Alphabetische Verbliste).

1. Gruppe

 essuyer *trocknen*   -y → -i vor stummem -e

Indicatif

Présent
j'   essuie
tu   essuies
il   essuie
nous   essuyons
vous   essuyez
ils   essuient

Imparfait
j'   essuyais
tu   essuyais
il   essuyait
nous   essuyions
vous   essuyiez
ils   essuyaient

Passé simple
j'   essuyai
tu   essuyas
il   essuya
nous   essuyâmes
vous   essuyâtes
ils   essuyèrent

Futur simple
j'   essuierai
tu   essuieras
il   essuiera
nous   essuierons
vous   essuierez
ils   essuieront

Passé composé
j'   ai   essuyé
tu   as   essuyé
il   a   essuyé
nous   avons   essuyé
vous   avez   essuyé
ils   ont   essuyé

Plus-que-parfait
j'   avais   essuyé
tu   avais   essuyé
il   avait   essuyé
nous   avions   essuyé
vous   aviez   essuyé
ils   avaient essuyé

Passé antérieur
j'   eus   essuyé
tu   eus   essuyé
il   eut   essuyé
nous   eûmes   essuyé
vous   eûtes   essuyé
ils   eurent essuyé

Futur antérieur
j'   aurai   essuyé
tu   auras   essuyé
il   aura   essuyé
nous   aurons   essuyé
vous   aurez   essuyé
ils   auront   essuyé

Conditionnel

Présent
j'   essuierais
tu   essuierais
il   essuierait
nous   essuierions
vous   essuieriez
ils   essuieraient

Passé
j'   aurais   essuyé
tu   aurais   essuyé
il   aurait   essuyé
nous   aurions   essuyé
vous   auriez   essuyé
ils   auraient essuyé

Subjonctif

Présent
que j'   essuie
que tu   essuies
qu' il   essuie
que nous   essuyions
que vous   essuyiez
qu' ils   essuient

Imparfait
que j'   essuyasse
que tu   essuyasses
qu' il   essuyât
que nous   essuyassions
que vous   essuyassiez
qu' ils   essuyassent

Passé
que j'   aie   essuyé
que tu   aies   essuyé
qu' il   ait   essuyé
que nous   ayons essuyé
que vous   ayez   essuyé
qu' ils   aient essuyé

Plus-que-parfait
que j'   eusse   essuyé
que tu   eusses   essuyé
qu' il   eût   essuyé
que nous   eussions essuyé
que vous   eussiez essuyé
qu' ils   eussent essuyé

Participe

Présent
essuyant

Passé
essuyé(e)

Gérondif
en essuyant

Impératif
essuie
essuyons
essuyez

Infinitif
passé
avoir essuyé

essuyer *trocknen*

 Anwendungsbeispiele
Il **essuie** la vaisselle. *Er **trocknet** das Geschirr **ab**.*
Essuie tes pieds avant d'entrer. *Tritt bitte deine Schuhe **ab**, bevor du hereinkommst.*
Elle **s'essuie** la bouche **avec** sa serviette. *Sie **wischt sich** den Mund **mit** ihrer Serviette **ab**.*

 Redewendungen
essuyer une tempête *einen Sturm über sich ergehen lassen*
essuyer le feu *unter Beschuss geraten*
essuyer les plâtres *dafür geradestehen*
essuyer ses lunettes *seine Brille putzen*
essuyer la poussière *Staub wischen*
s'essuyer les mains *sich die Hände abtrocknen*
essuyer la vaisselle *Geschirr abtrocknen*

 Ähnliche Verben
sécher *abtrocknen*
nettoyer *putzen/sauber machen*
épousseter *abstauben*
dépoussiérer *abstauben*
endurer *einstecken/ertragen*
subir *erleiden/über sich ergehen lassen*

 Aufgepasst!
Achten Sie bitte auf die Schreibweise mit **-i** vor einem stummen **-e**:
Elle **essuie** doucement les larmes du bébé. *Sie **wischt** sanft die Tränen des Babys **ab**.*
C'est moi qui **essuierai** les verres. *Ich **werde** die Gläser **abtrocknen**.*
Tu **essuies** l'eau qui est par terre, s'il te plaît ? ***Wischst** du bitte das Wasser vom Boden **auf**?*

 Tipps & Tricks
Die Verben **appuyer** *drücken* und **ennuyer** *langweilen* haben das gleiche Konjugationsmuster (▷ Alphabetische Verbliste).

103

3. Gruppe

 extraire *herausholen/gewinnen* -ai → -ay vor Vokalen

Indicatif
Présent
j'	extrais
tu	extrais
il	extrait
nous	extrayons
vous	extrayez
ils	extraient

Passé composé
j'	ai	extrait
tu	as	extrait
il	a	extrait
nous	avons	extrait
vous	avez	extrait
ils	ont	extrait

Imparfait
j'	extrayais
tu	extrayais
il	extrayait
nous	extrayions
vous	extrayiez
ils	extrayaient

Plus-que-parfait
j'	avais	extrait
tu	avais	extrait
il	avait	extrait
nous	avions	extrait
vous	aviez	extrait
ils	avaient	extrait

Passé simple
–
–
–
–
–
–

Passé antérieur
j'	eus	extrait
tu	eus	extrait
il	eut	extrait
nous	eûmes	extrait
vous	eûtes	extrait
ils	eurent	extrait

Futur simple
j'	extrairai
tu	extrairas
il	extraira
nous	extrairons
vous	extrairez
ils	extrairont

Futur antérieur
j'	aurai	extrait
tu	auras	extrait
il	aura	extrait
nous	aurons	extrait
vous	aurez	extrait
ils	auront	extrait

Conditionnel
Présent
j'	extrairais
tu	extrairais
il	extrairait
nous	extrairions
vous	extrairiez
ils	extrairaient

Passé
j'	aurais	extrait
tu	aurais	extrait
il	aurait	extrait
nous	aurions	extrait
vous	auriez	extrait
ils	auraient	extrait

Subjonctif
Présent
que j'	extraie	
que tu	extraies	
qu' il	extraie	
que nous	extrayions	
que vous	extrayiez	
qu' ils	extraient	

Imparfait
–
–
–
–
–
–

Passé
que j'	aie	extrait
que tu	aies	extrait
qu' il	ait	extrait
que nous	ayons	extrait
que vous	ayez	extrait
qu' ils	aient	extrait

Plus-que-parfait
que j'	eusse	extrait
que tu	eusses	extrait
qu' il	eût	extrait
que nous	eussions	extrait
que vous	eussiez	extrait
qu' ils	eussent	extrait

Participe
Présent
extrayant

Passé
extrait(e)

Gérondif
en extrayant

Impératif
extrais
extrayons
extrayez

Infinitif
passé
avoir extrait

extraire *herausholen/gewinnen*

 Anwendungsbeispiele

Dans cette région on **a extrait** du charbon jusque dans les années 70. *In diesem Gebiet wurde bis in die 70er-Jahre Kohle gefördert.*
On **a extrait** la balle **de** sa jambe. *Die Kugel wurde aus seinem Bein entfernt.*
Il **a extrait** ses clés **de** sa poche. *Er hat seine Schlüssel aus seiner Tasche geholt.*
J'**ai extrait** ce passage **d'**un livre de Marcel Proust. *Ich habe diese Stelle aus einem Buch von Marcel Proust genommen.*
Elle parvint avec difficulté à **s'extraire de** la voiture. *Sie hat es gerade noch geschafft, aus ihrem Auto herauszukommen.*

 Witz

Dans un bar, un homme corpulent presse un citron dans son verre.
Son voisin lui demande : « Je peux vous emprunter votre citron pour mon Martini ? »
« Volontiers, mais vous n'en tirerez plus de jus. »
Ce dernier presse alors tranquillement le citron et parvient à en **extraire** une goutte. *verblüfft*
L'autre, ébahi, lui demande : « Mais quel est donc votre métier ? »
« Je suis inspecteur des impôts. »

 Ähnliche Verben

extirper *herausziehen*
arracher *herausziehen/herausreißen*
retirer *herausnehmen*
sortir de *herausziehen*

 Aufgepasst!

Das -i wird vor Vokalen zu -y:
Nous **extrayons** de l'or. *Wir extrahieren Gold.*
Dans cette mine, on **extrayait** du minerai. *In diesem Bergwerk wurde Erz gefördert.*

 Tipps & Tricks

Die Verben (se) distraire *(sich) unterhalten*, traire *melken* und soustraire *abziehen* werden ebenfalls nach diesem Muster konjugiert (▷ Alphabetische Verbliste).

105

3. Gruppe

 faire *tun/machen*

Indicatif

Présent
je	fais
tu	fais
il	fait
nous	faisons
vous	faites
ils	font

Imparfait
je	faisais
tu	faisais
il	faisait
nous	faisions
vous	faisiez
ils	faisaient

Passé simple
je	fis
tu	fis
il	fit
nous	fîmes
vous	fîtes
ils	firent

Futur simple
je	ferai
tu	feras
il	fera
nous	ferons
vous	ferez
ils	feront

Conditionnel

Présent
je	ferais
tu	ferais
il	ferait
nous	ferions
vous	feriez
ils	feraient

Passé composé
j'	ai	fait
tu	as	fait
il	a	fait
nous	avons	fait
vous	avez	fait
ils	ont	fait

Plus-que-parfait
j'	avais	fait
tu	avais	fait
il	avait	fait
nous	avions	fait
vous	aviez	fait
ils	avaient	fait

Passé antérieur
j'	eus	fait
tu	eus	fait
il	eut	fait
nous	eûmes	fait
vous	eûtes	fait
ils	eurent	fait

Futur antérieur
j'	aurai	fait
tu	auras	fait
il	aura	fait
nous	aurons	fait
vous	aurez	fait
ils	auront	fait

Passé
j'	aurais	fait
tu	aurais	fait
il	aurait	fait
nous	aurions	fait
vous	auriez	fait
ils	auraient	fait

Subjonctif

Présent
que je	fasse
que tu	fasses
qu' il	fasse
que nous	fassions
que vous	fassiez
qu' ils	fassent

Imparfait
que je	fisse
que tu	fisses
qu' il	fît
que nous	fissions
que vous	fissiez
qu' ils	fissent

Passé
que j'	aie	fait
que tu	aies	fait
qu' il	ait	fait
que nous	ayons	fait
que vous	ayez	fait
qu' ils	aient	fait

Plus-que-parfait
que j'	eusse	fait
que tu	eusses	fait
qu' il	eût	fait
que nous	eussions	fait
que vous	eussiez	fait
qu' ils	eussent	fait

Participe

Présent
faisant

Passé
fait(e)

Gérondif
en faisant

Impératif
fais
faisons
faites

Infinitif passé
avoir fait

faire *tun/machen*

 Anwendungsbeispiele

Nous **avons fait** ce travail ensemble. *Wir haben diese Arbeit zusammen gemacht.*
Il **fait** des études de droit. *Er studiert Jura.*
Noémie **a fait** un gâteau **aux** enfants. *Noémie hat einen Kuchen für die Kinder gebacken.*
Il **fait** beau. *Es ist schönes Wetter.*
Je **ne fais que** dire la vérité. *Ich sage bloß die Wahrheit.*
Nous n'avons rien **à faire**. *Wir haben nichts zu tun.*
Sa maladie **fait qu**'il ne peut plus travailler. *Wegen seiner Krankheit kann er nicht mehr arbeiten.*
Il lui **fait faire** ses devoirs. *Er hilft ihr bei den Hausaufgaben.*
Je **me fais** du souci. *Ich mache mir Sorgen.*

 Sprichwörter

Rome ne **s'est** pas **faite** en un jour. *Rom ist nicht an einem Tag erbaut worden.*
L'union **fait** la force. *Gemeinsam sind wir stark.*
Il n'est jamais trop tard pour bien **faire**. *Es ist nie zu spät, um die Dinge richtig zu machen.*

 Ähnliche Verben

construire *bauen*   refaire *wieder machen/tun*
fabriquer *herstellen*   défaire *auf-/abmachen*
préparer *vorbereiten*   satisfaire *zufriedenstellen*
exécuter *ausführen*

 Aufgepasst!

Prägen Sie sich die 2. Person Plural im Indicatif présent vous **faites** *ihr macht/ Sie machen* gut ein.
Achten Sie ferner auf die Aussprache bei jenen Formen, wo das -s hörbar ist, wie beispielsweise bei nous **faisions** *wir machten*.

 Tipps & Tricks

Genauso werden auch die Verben défaire *auf-/abmachen*, refaire *wieder machen/tun* und satisfaire *zufriedenstellen* konjugiert (▶ Alphabetische Verbliste).

3. Gruppe

faillir *beinahe tun* — Unvollständiges Verb

Indicatif

Présent
–
–
–
–
–
–

Passé composé
j'	ai	failli
tu	as	failli
il	a	failli
nous	avons	failli
vous	avez	failli
ils	ont	failli

Imparfait
–
–
–
–
–
–

Plus-que-parfait
j'	avais	failli
tu	avais	failli
il	avait	failli
nous	avions	failli
vous	aviez	failli
ils	avaient	failli

Passé simple
je	faillis
tu	faillis
il	faillit
nous	faillîmes
vous	faillîtes
ils	faillirent

Passé antérieur
j'	eus	failli
tu	eus	failli
il	eut	failli
nous	eûmes	failli
vous	eûtes	failli
ils	eurent	failli

Futur simple
je	faillirai
tu	failliras
il	faillira
nous	faillirons
vous	faillirez
ils	failliront

Futur antérieur
j'	aurai	failli
tu	auras	failli
il	aura	failli
nous	aurons	failli
vous	aurez	failli
ils	auront	failli

Subjonctif

Présent
–
–
–
–
–
–

Imparfait
–
–
–
–
–
–

Passé
que j'	aie	failli
que tu	aies	failli
qu'il	ait	failli
que nous	ayons	failli
que vous	ayez	failli
qu'ils	aient	failli

Plus-que-parfait
que j'	eusse	failli
que tu	eusses	failli
qu'il	eût	failli
que nous	eussions	failli
que vous	eussiez	failli
qu'ils	eussent	failli

Conditionnel

Présent
je	faillirais
tu	faillirais
il	faillirait
nous	faillirions
vous	failliriez
ils	failliraient

Passé
j'	aurais	failli
tu	aurais	failli
il	aurait	failli
nous	aurions	failli
vous	auriez	failli
ils	auraient	failli

Participe

Présent
faillant

Passé
failli

Gérondif
en faillant

Impératif
–
–
–

Infinitif passé
avoir failli

faillir *beinahe tun*

 Anwendungsbeispiele

J'**ai failli** oublier que nous étions invités ce soir. *Ich* **habe beinahe** *vergessen, dass wir heute Abend eingeladen sind.*
Il **a failli** y arriver ! *Es ist ihm* **beinahe** *gelungen!*
Le ministre **a failli** être assassiné. *Der Minister* **wurde beinahe** *ermordet.*
Il **faillit** lui arriver un grand malheur. *Ihm* **wäre beinahe** *ein großes Unglück passiert.*
Cet homme **a failli à** sa promesse. *Dieser Mann* **hat** *sein Versprechen* **gebrochen.**
Il a résisté sans **faillir**. *Er widerstand,* **ohne schwach zu werden.**
Tu **avais failli** y croire. *Du* **hättest beinahe** *daran geglaubt.*
J'**ai** bien **failli** acheter cette voiture. *Fast hätte ich dieses Auto gekauft.*
Ma mémoire n'**a** pas **failli**. *Mein Gedächtnis* **hat** *mich nicht* **im Stich gelassen.**

 Witz

Une piétonne **a failli** se faire écraser à un croisement.
La police demande à l'automobiliste : « Vous n'aviez pas vu le feu rouge ? »
« Bien sûr, monsieur l'agent, mais c'est la dame que je n'avais pas vue ! »

 Ähnliche Verben

manquer de faire qc. *etw. beinahe tun*

 Gebrauch

Das Verb faillir wird nur noch im Infinitiv, im Passé simple, im Futur, im Conditionnel und in den zusammengesetzten Zeiten verwendet.
Im Passé composé sind Wendungen mit faillir de + Infinitiv hingegen sehr geläufig:
Il **a failli** se brûler. *Er* **hat** *sich* **beinahe** *verbrannt.*
Notre projet **a failli** échouer. *Unser Projekt* **ist beinahe** *gescheitert.*
Merken Sie sich bitte auch, dass das Participe passé von faillir unveränderlich ist.

3. Gruppe

 falloir *nötig sein*   Unpersönliches, unvollständiges Verb

Indicatif		**Subjonctif**	
Présent	**Passé composé**	**Présent**	
–	–	–	
–	–	–	
il faut	il a fallu	qu'il faille	
–	–	–	
–	–	–	
–	–	–	
Imparfait	**Plus-que-parfait**	**Imparfait**	
–	–	–	
–	–	–	
il fallait	il avait fallu	qu'il fallût	
–	–	–	
–	–	–	
–	–	–	
Passé simple	**Passé antérieur**	**Passé**	
–	–	–	
–	–	–	
il fallut	il eut fallu	qu'il ait fallu	
–	–	–	
–	–	–	
–	–	–	
Futur simple	**Futur antérieur**	**Plus-que-parfait**	
–	–	–	
–	–	–	
il faudra	il aura fallu	qu'il eût fallu	
–	–	–	
–	–	–	
–	–	–	
Conditionnel		**Participe**	**Impératif**
Présent	**Passé**	**Présent**	–
–	–	–	–
–	–		–
il faudrait	il aurait fallu	**Passé**	
–	–	fallu	**Infinitif**
–	–	**Gérondif**	**passé**
–	–	–	avoir fallu

110

falloir *nötig sein*

 Anwendungsbeispiele

Il **faut du** beurre pour faire un gâteau. *Man **braucht** Butter, um einen Kuchen zu backen.*
Que **faut**-il faire ? *Was **muss** getan werden?*
Il **faut** l'avertir. *Man **muss** ihn warnen.*
Il **faudra** que vous m'obéissiez. *Ihr **werdet** mir gehorchen **müssen**.*
Fais ton travail comme il **faut**. *Mach deine Arbeit, wie es **sich gehört**.*
Il ne **fallait** pas ! *Es **war** nicht **nötig**!*
Elle est toujours là quand il (le) **faut**. *Sie ist immer da, wenn man sie **braucht**.*
Il **s'en est fallu de peu** que nous rations notre avion. *Es **hat nicht viel gefehlt** und wir hätten beinahe unser Flugzeug verpasst.*

 Sprichwörter

Rien ne sert de courir, il **faut** partir à point. *Das nutzt jetzt auch nichts mehr.*
Il ne **faut** pas vendre la peau de l'ours avant de l'avoir tué. *Man **soll** das Fell des Bären nicht verteilen, solange man ihn nicht erlegt hat.*
Il ne **faut** pas mettre la charrue avant les bœufs. *Man **soll** das Pferd nicht von hinten aufzäumen.*

 Ähnliche Verben

être nécessaire *notwendig sein*
être obligatoire *Pflicht sein*
devoir *müssen*

 Gebrauch

Als unpersönliches Verb wird falloir nur in der 3. Person Singular mit dem Pronomen il verwendet.
Vergessen Sie nicht, dass il faut que den Subjonctif verlangt:
Il **faut que tu viennes** tout de suite. *Du musst sofort kommen.*
Il **faut que tu fasses** ton travail. *Du musst deine Arbeit erledigen.*
Im Participe présent und im Impératif wird falloir nicht verwendet.

Tipps & Tricks

Redewendungen mit der Formulierung il faut que sind sehr geläufig, um Anweisungen und Befehle zum Ausdruck zu bringen!

3. Gruppe

 fuir *fliehen*   -i → -y vor betonten Vokalen

Indicatif

Présent
je	fuis
tu	fuis
il	fuit
nous	fuyons
vous	fuyez
ils	fuient

Passé composé
j'	ai	fui
tu	as	fui
il	a	fui
nous	avons	fui
vous	avez	fui
ils	ont	fui

Imparfait
je	fuyais
tu	fuyais
il	fuyait
nous	fuyions
vous	fuyiez
ils	fuyaient

Plus-que-parfait
j'	avais	fui
tu	avais	fui
il	avait	fui
nous	avions	fui
vous	aviez	fui
ils	avaient	fui

Passé simple
je	fuis
tu	fuis
il	fuit
nous	fuîmes
vous	fuîtes
ils	fuirent

Passé antérieur
j'	eus	fui
tu	eus	fui
il	eut	fui
nous	eûmes	fui
vous	eûtes	fui
ils	eurent	fui

Futur simple
je	fuirai
tu	fuiras
il	fuira
nous	fuirons
vous	fuirez
ils	fuiront

Futur antérieur
j'	aurai	fui
tu	auras	fui
il	aura	fui
nous	aurons	fui
vous	aurez	fui
ils	auront	fui

Conditionnel

Présent
je	fuirais
tu	fuirais
il	fuirait
nous	fuirions
vous	fuiriez
ils	fuiraient

Passé
j'	aurais	fui
tu	aurais	fui
il	aurait	fui
nous	aurions	fui
vous	auriez	fui
ils	auraient	fui

Subjonctif

Présent
que je	fuie
que tu	fuies
qu' il	fuie
que nous	fuyions
que vous	fuyiez
qu' ils	fuient

Imparfait
que je	fuisse
que tu	fuisses
qu' il	fuît
que nous	fuissions
que vous	fuissiez
qu' ils	fuissent

Passé
que j'	aie	fui
que tu	aies	fui
qu' il	ait	fui
que nous	ayons	fui
que vous	ayez	fui
qu' ils	aient	fui

Plus-que-parfait
que j'	eusse	fui
que tu	eusses	fui
qu' il	eût	fui
que nous	eussions	fui
que vous	eussiez	fui
qu' ils	eussent	fui

Participe

Présent
fuyant

Passé
fui(e)

Gérondif
en fuyant

Impératif
fuis
fuyons
fuyez

Infinitif passé
avoir fui

fuir *fliehen*

 Anwendungsbeispiele

Les biches **avaient fui dans** la forêt. *Die Hirschkühe **waren in** den Wald geflüchtet.*
Les soldats **ont fui devant** l'ennemi. *Die Soldaten **sind vor** dem Feind geflohen.*
Le petit garçon **a fui de** chez ses parents. *Der kleine Junge **ist von** zu Hause weggelaufen.*
Le robinet **fuit**. *Der Wasserhahn **tropft**.*
Le temps **fuit** à une telle vitesse. *Die Zeit **vergeht** so schnell.*
Il **fait fuir** les femmes. *Er **läuft vor** den Frauen **davon**.*

 Redewendungen

fuir le danger *vor einer Gefahr fliehen*
fuir sa patrie *aus seiner Heimat fliehen*
fuir les problèmes *Problemen aus dem Weg gehen*
fuir ses responsabilités *die Verantwortung scheuen*
fuir à toutes jambes *Hals über Kopf fliehen*

 Ähnliche Verben

se dérober *entgehen*   s'enfuir *davonlaufen*
esquiver *aus dem Weg gehen*
se réfugier *flüchten*
partir *gehen*

 Aufgepasst!

Vor betonten Vokalen wird das -i vor dem stummen -e zu -y.
Beachten Sie daher die unterschiedliche Schreibweise von ils fu**i**ent *sie fliehen* und vous fu**y**ez *ihr flieht*.
Achten Sie auf die Schreibweise mit -yi in der 1. und 2. Person Plural im Imparfait sowie im Subjonctif présent, z. B. nous fu**yi**ons *wir flohen* und que vous fu**yi**ez *dass ihr flieht*.

2. Gruppe

40 **haïr** *hassen*

Indicatif

Présent

je	hais
tu	hais
il	haït
nous	haïssons
vous	haïssez
ils	haïssent

Passé composé

j'	ai	haï
tu	as	haï
il	a	haï
nous	avons	haï
vous	avez	haï
ils	ont	haï

Imparfait

je	haïssais
tu	haïssais
il	haïssait
nous	haïssions
vous	haïssiez
ils	haïssaient

Plus-que-parfait

j'	avais	haï
tu	avais	haï
il	avait	haï
nous	avions	haï
vous	aviez	haï
ils	avaient	haï

Passé simple

je	haïs
tu	haïs
il	haït
nous	haïmes
vous	haïtes
ils	haïrent

Passé antérieur

j'	eus	haï
tu	eus	haï
il	eut	haï
nous	eûmes	haï
vous	eûtes	haï
ils	eurent	haï

Futur simple

je	haïrai
tu	haïras
il	haïra
nous	haïrons
vous	haïrez
ils	haïront

Futur antérieur

j'	aurai	haï
tu	auras	haï
il	aura	haï
nous	aurons	haï
vous	aurez	haï
ils	auront	haï

Conditionnel

Présent

je	haïrais
tu	haïrais
il	haïrait
nous	haïrions
vous	haïriez
ils	haïraient

Passé

j'	aurais	haï
tu	aurais	haï
il	aurait	haï
nous	aurions	haï
vous	auriez	haï
ils	auraient	haï

Subjonctif

Présent

que je	haïsse
que tu	haïsses
qu' il	haïsse
que nous	haïssions
que vous	haïssiez
qu' ils	haïssent

Imparfait

que je	haïsse
que tu	haïsses
qu' il	haït
que nous	haïssions
que vous	haïssiez
qu' ils	haïssent

Passé

que j'	aie	haï
que tu	aies	haï
qu' il	ait	haï
que nous	ayons	haï
que vous	ayez	haï
qu' ils	aient	haï

Plus-que-parfait

que j'	eusse	haï
que tu	eusses	haï
qu' il	eût	haï
que nous	eussions	haï
que vous	eussiez	haï
qu' ils	eussent	haï

Participe

Présent

haïssant

Passé

haï(e)

Gérondif

en haïssant

Impératif

hais
haïssons
haïssez

Infinitif passé

avoir haï

haïr *hassen*

 Anwendungsbeispiele
Je **hais** la violence. *Ich hasse Gewalt.*
Quand ils étaient jeunes, ils **se haïssaient**. *Als sie jung waren, hassten sie sich.*
Je **hais** qu'on ne me dise pas la vérité. *Ich hasse es, dass man mir nicht die Wahrheit sagt.*
Elle le **hait** d'avoir quitté ses enfants. *Sie hasst ihn dafür, dass er seine Kinder verlassen hat.*
Il **se hait de** n'avoir rien dit de cette affaire. *Er hasst sich dafür, dass er nichts über diese Angelegenheit gesagt hatte.*

 Redewendungen
haïr qn. comme la peste *jdn. wie die Pest hassen*
haïr qn. à la mort *jdn. zutiefst hassen*
haïr plus que tout *über alle Maßen hassen*

 Andere Verben
aimer *lieben/gern haben*
adorer *lieben*
s'entendre *sich verstehen/sich vertragen*

 Aufgepasst!
Als Verb der 2. Gruppe wird haïr *hassen* zwar wie finir *beenden* konjugiert, verliert aber sein Trema in den drei Singularformen im Indicatif présent sowie in der Singularform im Impératif:
Elle **hait** cet homme ! *Sie hasst diesen Mann!*

Achten Sie bitte auch darauf, dass der Accent circonflexe in der 1. und 2. Person Plural im literarischen Passé simple sowie in der 3. Person Singular im Subjonctif imparfait entfällt. Die Formenbildung der beiden Verben muss also klar unterschieden werden: vous finîtes, aber vous haïtes; qu'elle finît, aber qu'elle haït.

 Tipps & Tricks
Lernen Sie auch gleich noch die Wörter la haine *der Hass* und haineux/haineuse *boshaft* mit, die zur gleichen Wortfamilie gehören.

1. Gruppe

41 jeter *werfen*

-t ➔ -tt vor stummem -e

Indicatif

Présent
je	jette
tu	jettes
il	jette
nous	jetons
vous	jetez
ils	jettent

Passé composé
j'	ai	jeté
tu	as	jeté
il	a	jeté
nous	avons	jeté
vous	avez	jeté
ils	ont	jeté

Imparfait
je	jetais
tu	jetais
il	jetait
nous	jetions
vous	jetiez
ils	jetaient

Plus-que-parfait
j'	avais	jeté
tu	avais	jeté
il	avait	jeté
nous	avions	jeté
vous	aviez	jeté
ils	avaient	jeté

Passé simple
je	jetai
tu	jetas
il	jeta
nous	jetâmes
vous	jetâtes
ils	jetèrent

Passé antérieur
j'	eus	jeté
tu	eus	jeté
il	eut	jeté
nous	eûmes	jeté
vous	eûtes	jeté
ils	eurent	jeté

Futur simple
je	jetterai
tu	jetteras
il	jettera
nous	jetterons
vous	jetterez
ils	jetteront

Futur antérieur
j'	aurai	jeté
tu	auras	jeté
il	aura	jeté
nous	aurons	jeté
vous	aurez	jeté
ils	auront	jeté

Conditionnel

Présent
je	jetterais
tu	jetterais
il	jetterait
nous	jetterions
vous	jetteriez
ils	jetteraient

Passé
j'	aurais	jeté
tu	aurais	jeté
il	aurait	jeté
nous	aurions	jeté
vous	auriez	jeté
ils	auraient	jeté

Subjonctif

Présent
que je	jette
que tu	jettes
qu' il	jette
que nous	jetions
que vous	jetiez
qu' ils	jettent

Imparfait
que je	jetasse
que tu	jetasses
qu' il	jetât
que nous	jetassions
que vous	jetassiez
qu' ils	jetassent

Passé
que j'	aie	jeté
que tu	aies	jeté
qu' il	ait	jeté
que nous	ayons	jeté
que vous	ayez	jeté
qu' ils	aient	jeté

Plus-que-parfait
que j'	eusse	jeté
que tu	eusses	jeté
qu' il	eût	jeté
que nous	eussions	jeté
que vous	eussiez	jeté
qu' ils	eussent	jeté

Participe

Présent
jetant

Passé
jeté(e)

Gérondif
en jetant

Impératif
jette
jetons
jetez

Infinitif

passé
avoir jeté

jeter *werfen*

 Anwendungsbeispiele

Les enfants **jetaient** des cailloux **dans** l'eau. *Die Kinder* **warfen** *Steine* **ins** *Wasser.*
Je l'**ai jeté à** la poubelle. *Ich* **habe** *es* **in** *den Mülleimer* **geworfen.**
Sa lettre le **jeta dans** le désespoir. *Ihr Brief* **versetzte** *ihn* **in** *Verzweiflung.*
Le petit garçon **se jeta sur** lui. *Der kleine Junge* **stürzte sich auf** *ihn.*
Veux-tu **jeter** un œil **sur** le bébé ? *Kannst du bitte* **nach** *dem Baby* **schauen**?
La Seine **se jette dans** la Manche. *Die Seine* **mündet in** *den Ärmelkanal.*
Cette bouteille, elle **se jette** ? *Ist das eine Einwegflasche?*

 Redewendungen

jeter l'argent par les fenêtres *das Geld zum Fenster hinauswerfen*
jeter un coup d'œil à qn. *jdm. einen Blick zuwerfen*
jeter l'ancre *den Anker auswerfen*
jeter qc. à la tête de qn. *jdm. etw. an den Kopf werfen*
jeter les dés *würfeln*
jeter de l'huile sur le feu *Öl ins Feuer gießen*
jeter des étincelles *Funken sprühen*

 Ähnliche Verben

lancer *werfen*
se débarrasser *wegwerfen*
mettre à la poubelle *wegwerfen*
envoyer *schicken/werfen*

rejeter *zurückweisen*
projeter *vorhaben*

 Aufgepasst!

Achten Sie bitte auf die Konsonantenverdoppelung -tt vor stummem -e:
Si tu n'en as plus besoin, je le je**tt**erai. *Wenn du es nicht brauchst,* **werde** *ich es* **wegwerfen.**
Tu me je**tt**es mes clés, s'il te plaît ? *Kannst du mir bitte meine Schlüssel* **herüberwerfen**?

 Tipps & Tricks

Die Verben rejeter *zurückweisen*, projeter *vorhaben*, cacheter *versiegeln*, collecter *sammeln*, feuilleter *durchblättern* und épousseter *abstauben* haben das gleiche Konjugationsmuster (▷ Alphabetische Verbliste).

3. Gruppe

42 joindre *verbinden*

Indicatif

Présent
je	joins
tu	joins
il	joint
nous	joignons
vous	joignez
ils	joignent

Imparfait
je	joignais
tu	joignais
il	joignait
nous	joignions
vous	joigniez
ils	joignaient

Passé simple
je	joignis
tu	joignis
il	joignit
nous	joignîmes
vous	joignîtes
ils	joignirent

Futur simple
je	joindrai
tu	joindras
il	joindra
nous	joindrons
vous	joindrez
ils	joindront

Passé composé
j'	ai	joint
tu	as	joint
il	a	joint
nous	avons	joint
vous	avez	joint
ils	ont	joint

Plus-que-parfait
j'	avais	joint
tu	avais	joint
il	avait	joint
nous	avions	joint
vous	aviez	joint
ils	avaient	joint

Passé antérieur
j'	eus	joint
tu	eus	joint
il	eut	joint
nous	eûmes	joint
vous	eûtes	joint
ils	eurent	joint

Futur antérieur
j'	aurai	joint
tu	auras	joint
il	aura	joint
nous	aurons	joint
vous	aurez	joint
ils	auront	joint

Conditionnel

Présent
je	joindrais
tu	joindrais
il	joindrait
nous	joindrions
vous	joindriez
ils	joindraient

Passé
j'	aurais	joint
tu	aurais	joint
il	aurait	joint
nous	aurions	joint
vous	auriez	joint
ils	auraient	joint

Subjonctif

Présent
que je	joigne
que tu	joignes
qu'il	joigne
que nous	joignions
que vous	joigniez
qu'ils	joignent

Imparfait
que je	joignisse
que tu	joignisses
qu'il	joignît
que nous	joignissions
que vous	joignissiez
qu'ils	joignissent

Passé
que j'	aie	joint
que tu	aies	joint
qu'il	ait	joint
que nous	ayons	joint
que vous	ayez	joint
qu'ils	aient	joint

Plus-que-parfait
que j'	eusse	joint
que tu	eusses	joint
qu'il	eût	joint
que nous	eussions	joint
que vous	eussiez	joint
qu'ils	eussent	joint

Participe

Présent
joignant

Passé
joint(e)

Gérondif
en joignant

Impératif
joins
joignons
joignez

Infinitif
passé
avoir joint

joindre *verbinden*

 Anwendungsbeispiele

Il **joint** deux planches **l'une à l'autre**. *Er **verbindet** zwei Bretter **miteinander**.*
Un pont **joint** l'île **au** continent. *Eine Brücke **verbindet** die Insel **mit** dem Festland.*
Il **a joint** cette pièce **au** dossier. *Er **hat** dieses Dokument der Akte **beigefügt**.*
Où puis-je te **joindre** ? *Wo kann ich dich **erreichen**?*
Veuillez trouver **ci-joint** mon passeport. *Anbei erhalten Sie meinen Reisepass.*
Cette fenêtre **joint mal**. *Dieses Fenster ist nicht **fugendicht**.*
Elle **joignit** le geste à la parole. *Sie ließ ihren Worten Taten **folgen**.*
Je peux **me joindre à** toi pour le déjeuner ? *Kann ich dir zum Mittagessen Gesellschaft leisten?*

 Redewendungen

joindre les mains *die Hände falten*
joindre les deux bouts *am Monatsende genug Geld übrig haben*
joindre l'utile à l'agréable *das Angenehme mit dem Nützlichen verbinden*
joindre ses efforts *sich gemeinsam bemühen*
joindre mal/bien *(un)genau anliegen*
se joindre à qn. *sich jdm. anschließen*

 Ähnliche Verben

assembler *zusammenfügen*
relier *verbinden*
réunir *verbinden*
connecter *verbinden*
contacter *sich in Verbindung setzen*

rejoindre *einholen*
adjoindre *hinzufügen*

 Aufgepasst!

Achten Sie bitte auf die Stammänderung joign- in manchen Formen:
Il voudrait que tu te **joign**es à nous. *Er möchte, dass du dich uns **anschließt**.*

 Tipps & Tricks

Alle Verben auf -oindre folgen diesem Konjugationsmuster (▷ Alphabetische Verbliste).

3. Gruppe

 lire *lesen*

Indicatif
Présent
je	lis
tu	lis
il	lit
nous	lisons
vous	lisez
ils	lisent

Imparfait
je	lisais
tu	lisais
il	lisait
nous	lisions
vous	lisiez
ils	lisaient

Passé simple
je	lus
tu	lus
il	lut
nous	lûmes
vous	lûtes
ils	lurent

Futur simple
je	lirai
tu	liras
il	lira
nous	lirons
vous	lirez
ils	liront

Passé composé
j'	ai	lu
tu	as	lu
il	a	lu
nous	avons	lu
vous	avez	lu
ils	ont	lu

Plus-que-parfait
j'	avais	lu
tu	avais	lu
il	avait	lu
nous	avions	lu
vous	aviez	lu
ils	avaient	lu

Passé antérieur
j'	eus	lu
tu	eus	lu
il	eut	lu
nous	eûmes	lu
vous	eûtes	lu
ils	eurent	lu

Futur antérieur
j'	aurai	lu
tu	auras	lu
il	aura	lu
nous	aurons	lu
vous	aurez	lu
ils	auront	lu

Conditionnel
Présent
je	lirais
tu	lirais
il	lirait
nous	lirions
vous	liriez
ils	liraient

Passé
j'	aurais	lu
tu	aurais	lu
il	aurait	lu
nous	aurions	lu
vous	auriez	lu
ils	auraient	lu

Subjonctif
Présent
que je	lise
que tu	lises
qu'il	lise
que nous	lisions
que vous	lisiez
qu'ils	lisent

Imparfait
que je	lusse
que tu	lusses
qu'il	lût
que nous	lussions
que vous	lussiez
qu'ils	lussent

Passé
que j'	aie	lu
que tu	aies	lu
qu'il	ait	lu
que nous	ayons	lu
que vous	ayez	lu
qu'ils	aient	lu

Plus-que-parfait
que j'	eusse	lu
que tu	eusses	lu
qu'il	eût	lu
que nous	eussions	lu
que vous	eussiez	lu
qu'ils	eussent	lu

Participe
Présent
lisant

Passé
lu(e)

Gérondif
en lisant

Impératif
lis
lisons
lisez

Infinitif
passé
avoir lu

lire *lesen*

 Anwendungsbeispiele

J'aime beaucoup **lire**. *Ich lese sehr gerne.*
Il **a lu dans** le journal qu'il ferait beau demain. *Er hat in der Zeitung gelesen, dass es morgen schönes Wetter geben wird.*
Mon fils apprend à **lire**. *Mein Sohn lernt lesen.*
Ce livre est **à lire** absolument ! *Man sollte dieses Buch unbedingt gelesen haben!*
Je n'arrive pas à **lire** ton écriture. *Ich kann deine Schrift nicht entziffern.*
La douleur **se lisait sur** son visage. *Man konnte ihm den Schmerz vom Gesicht ablesen.*
Ce roman **se lit** très bien. *Dieser Roman liest sich sehr gut.*
Je lui **ai fait lire** ce livre de Flaubert. *Ich habe ihn dieses Buch von Flaubert lesen lassen.*

 Redewendungen

savoir lire et écrire *lesen und schreiben können*
lire le braille *die Blindenschrift lesen*
lire qc. dans les yeux de qn. *etw. in jds. Augen lesen*
lire dans les pensées de qn. *jds. Gedanken lesen*
lire une histoire à qn. *jdm. eine Geschichte vorlesen*

 Ähnliche Verben

déchiffrer *entziffern*   relire *wieder/noch mal lesen*
feuilleter *durchblättern*
compulser *nachschlagen*

 Aufgepasst!

Anders als écrire *schreiben* bildet lire das Participe passé, das Passé simple und den Subjonctif imparfait mit -u:
Tu **as lu** cet article ? *Hast du diesen Artikel gelesen?*
Ils **lurent** tout l'après-midi. *Sie lasen den ganzen Nachmittag.*

 Tipps & Tricks

Die Verben élire *wählen*, réélire *wiederwählen* und relire *wieder/noch mal lesen* werden auch nach diesem Konjugationsmuster konjugiert (▷ Alphabetische Verbliste).

121

1. Gruppe

44 **manger** *essen*

-g → -ge vor -a und -o

Indicatif

Présent
je	mange
tu	manges
il	mange
nous	mangeons
vous	mangez
ils	mangent

Imparfait
je	mangeais
tu	mangeais
il	mangeait
nous	mangions
vous	mangiez
ils	mangeaient

Passé simple
je	mangeai
tu	mangeas
il	mangea
nous	mangeâmes
vous	mangeâtes
ils	mangèrent

Futur simple
je	mangerai
tu	mangeras
il	mangera
nous	mangerons
vous	mangerez
ils	mangeront

Passé composé
j'	ai	mangé
tu	as	mangé
il	a	mangé
nous	avons	mangé
vous	avez	mangé
ils	ont	mangé

Plus-que-parfait
j'	avais	mangé
tu	avais	mangé
il	avait	mangé
nous	avions	mangé
vous	aviez	mangé
ils	avaient	mangé

Passé antérieur
j'	eus	mangé
tu	eus	mangé
il	eut	mangé
nous	eûmes	mangé
vous	eûtes	mangé
ils	eurent	mangé

Futur antérieur
j'	aurai	mangé
tu	auras	mangé
il	aura	mangé
nous	aurons	mangé
vous	aurez	mangé
ils	auront	mangé

Subjonctif

Présent
que je	mange
que tu	manges
qu'il	mange
que nous	mangions
que vous	mangiez
qu'ils	mangent

Imparfait
que je	mangeasse
que tu	mangeasses
qu'il	mangeât
que nous	mangeassions
que vous	mangeassiez
qu'ils	mangeassent

Passé
que j'	aie	mangé
que tu	aies	mangé
qu'il	ait	mangé
que nous	ayons	mangé
que vous	ayez	mangé
qu'ils	aient	mangé

Plus-que-parfait
que j'	eusse	mangé
que tu	eusses	mangé
qu'il	eût	mangé
que nous	eussions	mangé
que vous	eussiez	mangé
qu'ils	eussent	mangé

Conditionnel

Présent
je	mangerais
tu	mangerais
il	mangerait
nous	mangerions
vous	mangeriez
ils	mangeraient

Passé
j'	aurais	mangé
tu	aurais	mangé
il	aurait	mangé
nous	aurions	mangé
vous	auriez	mangé
ils	auraient	mangé

Participe

Présent
mangeant

Passé
mangé(e)

Gérondif
en mangeant

Impératif
mange
mangeons
mangez

Infinitif
passé
avoir mangé

manger *essen*

Anwendungsbeispiele

Elle **mange** un fruit. *Sie **isst** ein Stück Obst.*
Mon fils **mange comme** quatre. *Mein Sohn **isst für** vier.*
Il la **mangeait** des yeux. *Er **verschlang** sie mit den Augen.*
C'est l'heure de **manger** ! *Es ist **Essens**zeit!*
Sa barbe lui **mangeait** le visage. *Der Bart **verdeckte** sein Gesicht.*
Il **mange** ses mots. *Er **verschluckt** die Silben.*
N'aie pas peur ! Je ne **vais** pas te **manger** ! *Hab keine Angst! Ich **werde** dich schon nicht **fressen**!*
Ce plat **se mange** très chaud avec du riz. *Dieses Gericht **wird** heiß und mit Reis **gegessen**.*
Elle **donne à manger au** chat. *Sie **gibt** der Katze etwas **zu essen**.*
Je **fais manger** les enfants. *Ich **sorge dafür, dass** die Kinder **essen**.*

Sprichwörter

La vengeance est un plat qui **se mange** froid. *Rache ist süß.*
L'appétit vient **en mangeant**. *Der Appetit kommt beim Essen.*

Ähnliche Verben

(se) nourrir *(sich) ernähren/essen*
s'alimenter *(sich) ernähren/essen*
prendre un repas *eine Mahlzeit einnehmen*
déjeuner/dîner *zu Mittag/Abend essen*
se restaurer *essen/sich stärken*

Aufgepasst!

Um die gleiche Aussprache beizubehalten, wird das -g vor den Vokalen -a und -o zu -ge.
C'est en man**ge**ant des olives qu'elle s'est cassé une dent. *Sie hat sich einen Zahn abgebrochen, **als** sie Oliven **aß**.*
Nous man**ge**ons peu de pain. *Wir **essen** wenig Brot.*

Tipps & Tricks

Das Verb manger wird sowohl im Zusammenhang mit Menschen als auch mit Tieren verwendet:
Le chien **mange** sa pâtée. *Der Hund **frisst** sein Futter.*

3. Gruppe

45 **mettre** *legen/setzen/stellen*

Indicatif

Présent

je	mets
tu	mets
il	met
nous	mettons
vous	mettez
ils	mettent

Passé composé

j'	ai	mis
tu	as	mis
il	a	mis
nous	avons	mis
vous	avez	mis
ils	ont	mis

Imparfait

je	mettais
tu	mettais
il	mettait
nous	mettions
vous	mettiez
ils	mettaient

Plus-que-parfait

j'	avais	mis
tu	avais	mis
il	avait	mis
nous	avions	mis
vous	aviez	mis
ils	avaient	mis

Passé simple

je	mis
tu	mis
il	mit
nous	mîmes
vous	mîtes
ils	mirent

Passé antérieur

j'	eus	mis
tu	eus	mis
il	eut	mis
nous	eûmes	mis
vous	eûtes	mis
ils	eurent	mis

Futur simple

je	mettrai
tu	mettras
il	mettra
nous	mettrons
vous	mettrez
ils	mettront

Futur antérieur

j'	aurai	mis
tu	auras	mis
il	aura	mis
nous	aurons	mis
vous	aurez	mis
ils	auront	mis

Conditionnel

Présent

je	mettrais
tu	mettrais
il	mettrait
nous	mettrions
vous	mettriez
ils	mettraient

Passé

j'	aurais	mis
tu	aurais	mis
il	aurait	mis
nous	aurions	mis
vous	auriez	mis
ils	auraient	mis

Subjonctif

Présent

que je	mette
que tu	mettes
qu'il	mette
que nous	mettions
que vous	mettiez
qu'ils	mettent

Imparfait

que je	misse
que tu	misses
qu'il	mît
que nous	missions
que vous	missiez
qu'ils	missent

Passé

que j'	aie	mis
que tu	aies	mis
qu'il	ait	mis
que nous	ayons	mis
que vous	ayez	mis
qu'ils	aient	mis

Plus-que-parfait

que j'	eusse	mis
que tu	eusses	mis
qu'il	eût	mis
que nous	eussions	mis
que vous	eussiez	mis
qu'ils	eussent	mis

Participe

Présent

mettant

Passé

mis(e)

Gérondif

en mettant

Impératif

mets
mettons
mettez

Infinitif

passé

avoir mis

124

mettre *legen/setzen/stellen*

Anwendungsbeispiele
J'**ai mis** tes lunettes **sur** la table. *Ich habe deine Brille auf den Tisch gelegt.*
Elle **a mis** du lait **dans** son café. *Sie hat Milch in ihren Kaffee getan.*
Ils **ont mis** ma voiture **à** la fourrière. *Sie haben mein Auto abgeschleppt.*
Tu **mets** toujours la télévision trop fort ! *Du drehst den Fernseher immer zu laut auf!*
Il faut **mettre** ton nom **sur** la liste. *Du musst deinen Namen in die Liste eintragen.*
Je n'ai rien **à** me **mettre**. *Ich habe nichts zum Anziehen.*
Il **s'est mis** du chocolat partout sur la figure. *Er hat sich das Gesicht mit Schokolade beschmiert.*
Tu **te mets au** travail ? *Fängst du an zu arbeiten?*
La neige **s'était mise à** tomber. *Es hatte angefangen zu schneien.*

Redewendungen
mettre le couvert *aufdecken*
mettre ses vêtements *sich anziehen*
mettre qn. à l'aise *dafür sorgen, dass jd. sich wohlfühlt*
mettre qc. à cuire *etw. zum Kochen bringen*
mettre qn. au régime *jdn. auf Diät setzen*
se mettre en colère *einen Wutanfall bekommen*

aise – Bequemlichkeit

Ähnliche Verben
placer *stellen/setzen*   remettre *wieder (hin)legen/zurücklegen*
poser *legen/stellen*   admettre *einsehen*
ranger *aufräumen*   compromettre *gefährden/schaden*
garder *aufbewahren*   promettre *versprechen*

Aufgepasst!
Achten Sie bitte auf das **-tt** vor einem **-r** oder vor einem Vokal:
nous me**tt**rons *wir werden legen*
vous me**tt**ez *ihr legt*

Tipps & Tricks
Dieses Konjugationsmuster gilt für alle abgeleiteten Verben von mettre: admettre *einsehen*, compromettre *gefährden/schaden*, promettre *versprechen* und remettre *zurücklegen* (▷ Alphabetische Verbliste).

3. Gruppe

46 mourir *sterben*

Indicatif
Présent
je	meurs
tu	meurs
il	meurt
nous	mourons
vous	mourez
ils	meurent

Imparfait
je	mourais
tu	mourais
il	mourait
nous	mourions
vous	mouriez
ils	mouraient

Passé simple
je	mourus
tu	mourus
il	mourut
nous	mourûmes
vous	mourûtes
ils	moururent

Futur simple
je	mourrai
tu	mourras
il	mourra
nous	mourrons
vous	mourrez
ils	mourront

Passé composé
je	suis	mort
tu	es	mort
il	est	mort
nous	sommes	morts
vous	êtes	morts
ils	sont	morts

Plus-que-parfait
j'	étais	mort
tu	étais	mort
il	était	mort
nous	étions	morts
vous	étiez	morts
ils	étaient	morts

Passé antérieur
je	fus	mort
tu	fus	mort
il	fut	mort
nous	fûmes	morts
vous	fûtes	morts
ils	furent	morts

Futur antérieur
je	serai	mort
tu	seras	mort
il	sera	mort
nous	serons	morts
vous	serez	morts
ils	seront	morts

Conditionnel
Présent
je	mourrais
tu	mourrais
il	mourrait
nous	mourrions
vous	mourriez
ils	mourraient

Passé
je	serais	mort
tu	serais	mort
il	serait	mort
nous	serions	morts
vous	seriez	morts
ils	seraient	morts

Subjonctif
Présent
que je	meure
que tu	meures
qu' il	meure
que nous	mourions
que vous	mouriez
qu' ils	meurent

Imparfait
que je	mourusse
que tu	mourusses
qu' il	mourût
que nous	mourussions
que vous	mourussiez
qu' ils	mourussent

Passé
que je	sois	mort
que tu	sois	mort
qu' il	soit	mort
que nous	soyons	morts
que vous	soyez	morts
qu' ils	soient	morts

Plus-que-parfait
que je	fusse	mort
que tu	fusses	mort
qu' il	fût	mort
que nous	fussions	morts
que vous	fussiez	morts
qu' ils	fussent	morts

Participe
Présent
mourant

Passé
mort(e)

Gérondif
en mourant

Impératif
meurs
mourons
mourez

Infinitif passé
être mort

mourir sterben

 Anwendungsbeispiele

Victor Hugo **est mort** en 1885. *Victor Hugo ist 1885 gestorben.*
Il est **mort**. *Er ist tot.*
Elle **est morte dans** un accident de voiture. *Sie ist bei einem Autounfall ums Leben gekommen.*
Son chien **est mort**, écrasé par une voiture. *Sein Hund wurde von einem Auto überfahren.*
Son grand-père **est mort d'**une grave maladie. *Ihr Großvater ist an einer schweren Krankheit gestorben.*
Cette plante **est** en train de **mourir**. *Diese Pflanze stirbt ab/geht gerade ein.*
Vous n'**en mourrez** pas ! *Es wird Sie schon nicht umbringen!*

 Redewendungen

mourir de faim/de soif/de froid *verhungern/verdursten/erfrieren*
mourir assassiné *ermordet werden*
mourir de rire *sich totlachen*
être à mourir d'ennui *todlangweilig sein*

 Ähnliche Verben

décéder *sterben*
succomber *sterben*
périr *ums Leben kommen*
disparaître *sterben/verschwinden*

 Aufgepasst!

Das Verb **mourir** bildet das Futur simple und das Conditionnel présent mit **-rr-**, z. B. ils mou**rr**aient *sie würden sterben*.
Achten Sie auch auf die Stammänderung **meur-** in manchen Formen:
Elle ne voulait pas qu'il **meure**. *Sie wollte nicht, dass er stirbt.*
Das Participe passé **mort** wird mit dem Hilfsverb être gebildet:
Ils **sont morts**. *Sie sind tot.*

3. Gruppe

47 naître *geboren werden*   -î → -i vor -s

Indicatif

Présent
je	nais
tu	nais
il	naît
nous	naissons
vous	naissez
ils	naissent

Imparfait
je	naissais
tu	naissais
il	naissait
nous	naissions
vous	naissiez
ils	naissaient

Passé simple
je	naquis
tu	naquis
il	naquit
nous	naquîmes
vous	naquîtes
ils	naquirent

Futur simple
je	naîtrai
tu	naîtras
il	naîtra
nous	naîtrons
vous	naîtrez
ils	naîtront

Passé composé
je	suis	né
tu	es	né
il	est	né
nous	sommes	nés
vous	êtes	nés
ils	sont	nés

Plus-que-parfait
j'	étais	né
tu	étais	né
il	était	né
nous	étions	nés
vous	étiez	nés
ils	étaient	nés

Passé antérieur
je	fus	né
tu	fus	né
il	fut	né
nous	fûmes	nés
vous	fûtes	nés
ils	furent	nés

Futur antérieur
je	serai	né
tu	seras	né
il	sera	né
nous	serons	nés
vous	serez	nés
ils	seront	nés

Conditionnel

Présent
je	naîtrais
tu	naîtrais
il	naîtrait
nous	naîtrions
vous	naîtriez
ils	naîtraient

Passé
je	serais	né
tu	serais	né
il	serait	né
nous	serions	nés
vous	seriez	nés
ils	seraient	nés

Subjonctif

Présent
que je	naisse
que tu	naisses
qu' il	naisse
que nous	naissions
que vous	naissiez
qu' ils	naissent

Imparfait
que je	naquisse
que tu	naquisses
qu' il	naquît
que nous	naquissions
que vous	naquissiez
qu' ils	naquissent

Passé
que je	sois	né
que tu	sois	né
qu' il	soit	né
que nous	soyons	nés
que vous	soyez	nés
qu' ils	soient	nés

Plus-que-parfait
que je	fusse	né
que tu	fusses	né
qu' il	fût	né
que nous	fussions	nés
que vous	fussiez	nés
qu' ils	fussent	nés

Participe

Présent
naissant

Passé
né(e)

Gérondif
en naissant

Impératif
nais
naissons
naissez

Infinitif passé
être né

naître *geboren werden*

 Anwendungsbeispiele

Sa petite fille **vient de naître**. *Ihre kleine Tochter wurde gerade geboren.*
Il **est né** le 4 octobre 1996. *Er wurde am 4. Oktober 1996 geboren.*
Un fils leur **est né**. *Ein Sohn wurde ihnen geboren.*
Elle **est née** aveugle. *Sie wurde blind geboren.*
Paris **est né dans** l'île de la Cité. *Paris ist auf der Ile de la Cité entstanden.*
Leurs problèmes **sont nés de** malentendus. *Ihre Probleme sind aus Missverständnissen heraus entstanden.*
Je ne **suis** pas **né d'**hier ! *Ich bin nicht von gestern!*
Sa réponse **fit naître** ma colère. *Seine Antwort machte mich wütend.*
Il **est né pour** travailler. *Er ist zum Arbeiten geboren.*
Il **sont nés** l'un pour l'autre. *Sie sind für einander geschaffen.*

 Witz

Une mère dit à son garçon : « N'oublie pas que nous **sommes nés** sur terre pour travailler ! »
« Bon, alors moi, plus tard je serai marin ! » répond celui-ci.

 Andere Verben

mourir *sterben*
finir *enden*
décéder *sterben*
périr *ums Leben kommen*
disparaître *sterben/verschwinden*

 Gebrauch

Während im Deutschen *geboren werden* eine Passivform darstellt, wird das französische Verb naître als Aktivform gebildet:
Un enfant **naît**. *Ein Kind wird geboren.*
Naître bildet die zusammengesetzten Zeiten mit dem Hilfsverb être:
Elle **est née** en Guadeloupe. *Sie wurde auf Guadeloupe geboren.*

 Tipps & Tricks

Lernen Sie aus der gleichen Wortfamilie auch gleich la naissance *die Geburt*, l'acte de naissance (m.) *die Geburtsurkunde*, la date de naissance *das Geburtsdatum* und le lieu de naissance *der Geburtsort*.

3. Gruppe

ouvrir — öffnen

Indicatif
Présent
j'	ouvre
tu	ouvres
il	ouvre
nous	ouvrons
vous	ouvrez
ils	ouvrent

Imparfait
j'	ouvrais
tu	ouvrais
il	ouvrait
nous	ouvrions
vous	ouvriez
ils	ouvraient

Passé simple
j'	ouvris
tu	ouvris
il	ouvrit
nous	ouvrîmes
vous	ouvrîtes
ils	ouvrirent

Futur simple
j'	ouvrirai
tu	ouvriras
il	ouvrira
nous	ouvrirons
vous	ouvrirez
ils	ouvriront

Passé composé
j'	ai	ouvert
tu	as	ouvert
il	a	ouvert
nous	avons	ouvert
vous	avez	ouvert
ils	ont	ouvert

Plus-que-parfait
j'	avais	ouvert
tu	avais	ouvert
il	avait	ouvert
nous	avions	ouvert
vous	aviez	ouvert
ils	avaient	ouvert

Passé antérieur
j'	eus	ouvert
tu	eus	ouvert
il	eut	ouvert
nous	eûmes	ouvert
vous	eûtes	ouvert
ils	eurent	ouvert

Futur antérieur
j'	aurai	ouvert
tu	auras	ouvert
il	aura	ouvert
nous	aurons	ouvert
vous	aurez	ouvert
ils	auront	ouvert

Subjonctif
Présent
que j'	ouvre
que tu	ouvres
qu' il	ouvre
que nous	ouvrions
que vous	ouvriez
qu' ils	ouvrent

Imparfait
que j'	ouvrisse
que tu	ouvrisses
qu' il	ouvrît
que nous	ouvrissions
que vous	ouvrissiez
qu' ils	ouvrissent

Passé
que j'	aie	ouvert
que tu	aies	ouvert
qu' il	ait	ouvert
que nous	ayons	ouvert
que vous	ayez	ouvert
qu' ils	aient	ouvert

Plus-que-parfait
que j'	eusse	ouvert
que tu	eusses	ouvert
qu' il	eût	ouvert
que nous	eussions	ouvert
que vous	eussiez	ouvert
qu' ils	eussent	ouvert

Conditionnel
Présent
j'	ouvrirais
tu	ouvrirais
il	ouvrirait
nous	ouvririons
vous	ouvririez
ils	ouvriraient

Passé
j'	aurais	ouvert
tu	aurais	ouvert
il	aurait	ouvert
nous	aurions	ouvert
vous	auriez	ouvert
ils	auraient	ouvert

Participe
Présent
ouvrant

Passé
ouvert(e)

Gérondif
en ouvrant

Impératif
ouvre
ouvrons
ouvrez

Infinitif
passé
avoir ouvert

ouvrir *öffnen*

 Anwendungsbeispiele

Tu **ouvres** la porte **aux** enfants ? *Machst du den Kindern die Tür auf?*
Quentin **s'est ouvert** le genou. *Quentin hat sich das Knie aufgeschlagen.*
Les magasins **sont ouverts** le dimanche matin. *Die Geschäfte sind sonntags geöffnet.*
La porte **s'ouvre** mal. *Die Tür geht schwer auf.*
Les fenêtres du salon **s'ouvrent sur** la campagne. *Von den Fenstern im Wohnzimmer hat man einen Blick auf die Landschaft.*
Pense à l'horizon qui **s'ouvre devant** toi ! *Denk an die Zukunft, die vor dir liegt!*

 Redewendungen

ouvrir un livre *ein Buch aufschlagen*
ouvrir la bouche *den Mund öffnen*
ouvrir un magasin *ein Geschäft eröffnen*
ouvrir son cœur à qn. *jdm. sein Herz ausschütten*
ouvrir le jeu *das Spiel eröffnen*

 Andere Verben

fermer *zumachen*
boucher *zumachen/zustopfen*
barrer *(ver)sperren*
finir *(be)enden*
terminer *beenden*

 Aufgepasst!

Im Indicatif présent, im Subjonctif présent und im Impératif sind die Endungen von ouvrir identisch mit den Endungen der Verben der 1. Gruppe:
Ouvre les yeux ! *Mach die Augen auf!*
Im Futur simple, im Conditionnel présent und im Subjonctif imparfait gelten die Endungen der Verben der 2. Gruppe:
L'exposition **ouvrira** samedi. *Die Ausstellung wird am Samstag eröffnet.*

 Tipps & Tricks

Wie ouvrir werden auch die Verben couvrir *decken*, offrir *schenken*, recouvrir *bedecken*, souffrir *leiden*, entrouvrir *einen Spalt aufmachen* und rouvrir *wieder aufmachen* konjugiert (▷ Alphabetische Verbliste).

3. Gruppe

(49) paraître *scheinen*

-î → -i vor -s

Indicatif

Présent

je	parais
tu	parais
il	paraît
nous	paraissons
vous	paraissez
ils	paraissent

Passé composé

j'	ai	paru
tu	as	paru
il	a	paru
nous	avons	paru
vous	avez	paru
ils	ont	paru

Imparfait

je	paraissais
tu	paraissais
il	paraissait
nous	paraissions
vous	paraissiez
ils	paraissaient

Plus-que-parfait

j'	avais	paru
tu	avais	paru
il	avait	paru
nous	avions	paru
vous	aviez	paru
ils	avaient	paru

Passé simple

je	parus
tu	parus
il	parut
nous	parûmes
vous	parûtes
ils	parurent

Passé antérieur

j'	eus	paru
tu	eus	paru
il	eut	paru
nous	eûmes	paru
vous	eûtes	paru
ils	eurent	paru

Futur simple

je	paraîtrai
tu	paraîtras
il	paraîtra
nous	paraîtrons
vous	paraîtrez
ils	paraîtront

Futur antérieur

j'	aurai	paru
tu	auras	paru
il	aura	paru
nous	aurons	paru
vous	aurez	paru
ils	auront	paru

Conditionnel

Présent

je	paraîtrais
tu	paraîtrais
il	paraîtrait
nous	paraîtrions
vous	paraîtriez
ils	paraîtraient

Passé

j'	aurais	paru
tu	aurais	paru
il	aurait	paru
nous	aurions	paru
vous	auriez	paru
ils	auraient	paru

Subjonctif

Présent

que je	paraisse
que tu	paraisses
qu' il	paraisse
que nous	paraissions
que vous	paraissiez
qu' ils	paraissent

Imparfait

que je	parusse
que tu	parusses
qu' il	parût
que nous	parussions
que vous	parussiez
qu' ils	parussent

Passé

que j'	aie	paru
que tu	aies	paru
qu' il	ait	paru
que nous	ayons	paru
que vous	ayez	paru
qu' ils	aient	paru

Plus-que-parfait

que j'	eusse	paru
que tu	eusses	paru
qu' il	eût	paru
que nous	eussions	paru
que vous	eussiez	paru
qu' ils	eussent	paru

Participe

Présent

paraissant

Passé

paru(e)

Gérondif

en paraissant

Impératif

parais
paraissons
paraissez

Infinitif

passé

avoir paru

132

paraître *scheinen*

 Anwendungsbeispiele
Elle **paraît** très sympathique. *Sie scheint sehr sympathisch zu sein.*
Vous **paraissez** plus jeune que votre âge. *Sie sehen jünger aus als Sie sind.*
Elle **paraît** ne pas s'inquiéter. *Sie scheint sich keine Sorgen zu machen.*
Ce chanteur **paraît en** public pour la première fois. *Dieser Sänger tritt zum ersten Mal in der Öffentlichkeit auf.*
Tu ne **laisses** jamais **paraître** tes émotions. *Du zeigst nie deine Emotionen.*
Il **paraît que** ce n'est pas possible. *Angeblich ist es nicht möglich.*

 Witz
Dans un bal, un jeune homme dit à sa partenaire : « Mademoiselle, comme les danses me **paraissent** courtes avec vous ! »
« Ce n'est pas étonnant » répond la fille, « le chef d'orchestre est mon fiancé. »

 Ähnliche Verben
sembler *scheinen*   reparaître *wieder erscheinen*
                            disparaître *verschwinden*
                            apparaître *erscheinen*
                            comparaître *erscheinen*

 Gebrauch
Das Verb paraître wird auch als unpersönliches Verb verwendet.
il paraît que + Indicatif présent drückt eine Gewissheit aus:
Il **paraît** évident **que** nous **vivons** un changement climatique. *Es scheint offensichtlich, dass wir eine Klimaveränderung erleben.*
In der Verneinung oder z. B. mit einem Adjektiv des Zweifels oder der Unsicherheit wird il paraît que mit dem Subjonctif présent gebildet:
Il **ne paraît pas possible** qu'elle **soit** là à l'heure. *Es scheint nicht möglich zu sein, dass sie pünktlich kommt.*
Il **paraît improbable** que nous **gagnions** cette partie. *Es scheint unwahrscheinlich zu sein, dass wir diese Partie gewinnen.*

 Tipps & Tricks
Wie paraître werden auch die Verben apparaître *erscheinen*, comparaître *erscheinen* connaître *kennen*, disparaître *verschwinden* und reparaître *wieder erscheinen* konjugiert (▶ Alphabetische Verbliste).

3. Gruppe

50 partir *weggehen*

Indicatif

Présent

je	pars
tu	pars
il	part
nous	partons
vous	partez
ils	partent

Passé composé

je	suis	parti
tu	es	parti
il	est	parti
nous	sommes	partis
vous	êtes	partis
ils	sont	partis

Imparfait

je	partais
tu	partais
il	partait
nous	partions
vous	partiez
ils	partaient

Plus-que-parfait

j'	étais	parti
tu	étais	parti
il	était	parti
nous	étions	partis
vous	étiez	partis
ils	étaient	partis

Passé simple

je	partis
tu	partis
il	partit
nous	partîmes
vous	partîtes
ils	partirent

Passé antérieur

je	fus	parti
tu	fus	parti
il	fut	parti
nous	fûmes	partis
vous	fûtes	partis
ils	furent	partis

Futur simple

je	partirai
tu	partiras
il	partira
nous	partirons
vous	partirez
ils	partiront

Futur antérieur

je	serai	parti
tu	seras	parti
il	sera	parti
nous	serons	partis
vous	serez	partis
ils	seront	partis

Conditionnel

Présent

je	partirais
tu	partirais
il	partirait
nous	partirions
vous	partiriez
ils	partiraient

Passé

je	serais	parti
tu	serais	parti
il	serait	parti
nous	serions	partis
vous	seriez	partis
ils	seraient	partis

Subjonctif

Présent

que je	parte
que tu	partes
qu' il	parte
que nous	partions
que vous	partiez
qu' ils	partent

Imparfait

que je	partisse
que tu	partisses
qu' il	partît
que nous	partissions
que vous	partissiez
qu' ils	partissent

Passé

que je	sois	parti
que tu	sois	parti
qu' il	soit	parti
que nous	soyons	partis
que vous	soyez	partis
qu' ils	soient	partis

Plus-que-parfait

que je	fusse	parti
que tu	fusses	parti
qu' il	fût	parti
que nous	fussions	partis
que vous	fussiez	partis
qu' ils	fussent	partis

Participe

Présent

partant

Passé

parti(e)

Gérondif

en partant

Impératif

pars
partons
partez

Infinitif passé

être parti

134

partir *weggehen*

 Anwendungsbeispiele

Le train **part de** Nantes **dans** dix minutes. *Der Zug* **fährt in** *zehn Minuten* **von** *Nantes ab.*
Nous **partirons à** 11 heures. *Wir* **werden um** *elf Uhr abfahren.*
Je **pars à** Paris demain matin. *Ich* **fahre** *morgen* **nach** *Paris.*
Ils **sont partis en** Italie pour les vacances. *Sie sind über die Ferien* **nach** *Italien verreist.*
Victor **est parti à** la pêche. *Victor ist angeln* **gegangen.**
Il **est parti sur** cette idée. *Das* **war** *sein erster Gedanke.*
Cela **part d'**un bon sentiment. *Es ist gut gemeint.*

 Redewendungen

partir à pieds *zu Fuß gehen*
partir en voiture/train *mit dem Auto/Zug fahren*
partir en avion *fliegen*
partir en retard/avance *zu spät/früh gehen*
partir de rien *mit nichts anfangen*
partir faire qc. *gehen, um etw. zu tun*
partir en vacances *in Urlaub fahren*
laisser partir qn. *jdn. gehen lassen*

 Andere Verben

arriver *ankommen*   repartir *wieder weggehen*
rester *bleiben*
demeurer *bleiben*
s'installer *sich niederlassen*

 Gebrauch

In den drei Singularformen verliert der Stamm von partir das -t. So lautet z. B. die Form der 1. Person Singular je **pars** *ich gehe.*
Ansonsten ist das Konjugationsmuster von partir sehr regelmäßig.

 Tipps & Tricks

Die Verben mentir *lügen*, sentir *riechen/fühlen*, repartir *wieder gehen* und sortir *ausgehen* haben das gleiche Konjugationsmuster (▷ Alphabetische Verbliste).

1. Gruppe

51 payer *bezahlen*

Indicatif

Présent

je	paie/paye
tu	paies/payes
il	paie/paye
nous	payons
vous	payez
ils	paient/payent

Imparfait

je	payais
tu	payais
il	payait
nous	payions
vous	payiez
ils	payaient

Passé simple

je	payai
tu	payas
il	paya
nous	payâmes
vous	payâtes
ils	payèrent

Futur simple

je	paierai/payerai
tu	paieras/payeras
il	paiera/payera
nous	paierons/payerons
vous	paierez/payerez
ils	paieront/payeront

Passé composé

j'	ai	payé
tu	as	payé
il	a	payé
nous	avons	payé
vous	avez	payé
ils	ont	payé

Plus-que-parfait

j'	avais	payé
tu	avais	payé
il	avait	payé
nous	avions	payé
vous	aviez	payé
ils	avaient	payé

Passé antérieur

j'	eus	payé
tu	eus	payé
il	eut	payé
nous	eûmes	payé
vous	eûtes	payé
ils	eurent	payé

Futur antérieur

j'	aurai	payé
tu	auras	payé
il	aura	payé
nous	aurons	payé
vous	aurez	payé
ils	auront	payé

Conditionnel

Présent

je	paierais/payerais
tu	paierais/payerais
il	paierait/payerait
nous	paierions/payerions
vous	paieriez/payeriez
ils	paieraient/payeraient

Passé

j'	aurais	payé
tu	aurais	payé
il	aurait	payé
nous	aurions	payé
vous	auriez	payé
ils	auraient	payé

Subjonctif

Présent

que je	paie/paye
que tu	paies/payes
qu' il	paie/paye
que nous	payions
que vous	payiez
qu' ils	paient/payent

Imparfait

que je	payasse
que tu	payasses
qu' il	payât
que nous	payassions
que vous	payassiez
qu' ils	payassent

Passé

que j'	aie	payé
que tu	aies	payé
qu' il	ait	payé
que nous	ayons	payé
que vous	ayez	payé
qu' ils	aient	payé

Plus-que-parfait

que j'	eusse	payé
que tu	eusses	payé
qu' il	eût	payé
que nous	eussions	payé
que vous	eussiez	payé
qu' ils	eussent	payé

Participe

Présent

payant

Passé

payé(e)

Gérondif

en payant

Impératif

paie/paye
payons
payez

Infinitif passé

avoir payé

136

payer *bezahlen*

Anwendungsbeispiele
Tu **as payé** le loyer ? *Hast du die Miete bezahlt?*
Il lui **a payé** une bague superbe. *Er hat ihr einen wunderschönen Ring geschenkt/gekauft.*
On peut **payer en** espèces ? *Kann man bar bezahlen?*
Il ne m'**a** pas **fait payer** l'entrée. *Er hat keinen Eintritt von mir verlangt.*
Je **me suis payé** une très jolie robe. *Ich habe mir ein sehr schönes Kleid geleistet/gekauft.*
Ce poste **est** mal **payé**. *Diese Stelle ist schlecht bezahlt.*

Redewendungen
se payer qc. *sich etw. leisten/gönnen*
payer de sa poche *selber/aus eigener Tasche bezahlen*
payer qn. de sa peine *jdn. für seine Mühe belohnen*
être bien payé pour le savoir *etw. am eigenen Leib erfahren*
avoir de quoi payer *genug Geld bei sich haben*
payer d'audace *kühn auftreten*
ne pas payer de mine *nicht einladend/nach nichts aussehen*

Ähnliche Verben
acheter *kaufen*
rembourser *zurückerstatten*
rémunérer *bezahlen/entlohnen*
régler *begleichen/bezahlen*
offrir *bezahlen/schenken*

Aufgepasst!
Das Verb **payer** kann vor einem stummen **-e** mit **-i** oder mit **-y** konjugiert werden.
Je vous pa**i**erai/pa**y**erai demain. *Ich werde Sie morgen bezahlen.*
Je pa**i**e/pa**y**e en liquide. *Ich bezahle bar.*

Tipps & Tricks
Das gleiche Konjugationsmuster gilt auch für die Verben **balayer** *fegen*, **effrayer** *erschrecken*, **essayer** *versuchen* und **rayer** *zerkratzen*. (▷ Alphabetische Verbliste)

3. Gruppe

52 plaire *gefallen*

-i → -î vor -t

Indicatif
Présent
je	plais
tu	plais
il	plaît
nous	plaisons
vous	plaisez
ils	plaisent

Imparfait
je	plaisais
tu	plaisais
il	plaisait
nous	plaisions
vous	plaisiez
ils	plaisaient

Passé simple
je	plus
tu	plus
il	plut
nous	plûmes
vous	plûtes
ils	plurent

Futur simple
je	plairai
tu	plairas
il	plaira
nous	plairons
vous	plairez
ils	plairont

Conditionnel
Présent
je	plairais
tu	plairais
il	plairait
nous	plairions
vous	plairiez
ils	plairaient

Passé composé
j'	ai	plu
tu	as	plu
il	a	plu
nous	avons	plu
vous	avez	plu
ils	ont	plu

Plus-que-parfait
j'	avais	plu
tu	avais	plu
il	avait	plu
nous	avions	plu
vous	aviez	plu
ils	avaient	plu

Passé antérieur
j'	eus	plu
tu	eus	plu
il	eut	plu
nous	eûmes	plu
vous	eûtes	plu
ils	eurent	plu

Futur antérieur
j'	aurai	plu
tu	auras	plu
il	aura	plu
nous	aurons	plu
vous	aurez	plu
ils	auront	plu

Passé
j'	aurais	plu
tu	aurais	plu
il	aurait	plu
nous	aurions	plu
vous	auriez	plu
ils	auraient	plu

Subjonctif
Présent
que je	plaise
que tu	plaises
qu' il	plaise
que nous	plaisions
que vous	plaisiez
qu' ils	plaisent

Imparfait
que je	plusse
que tu	plusses
qu' il	plût
que nous	plussions
que vous	plussiez
qu' ils	plussent

Passé
que j'	aie	plu
que tu	aies	plu
qu' il	ait	plu
que nous	ayons	plu
que vous	ayez	plu
qu' ils	aient	plu

Plus-que-parfait
que j'	eusse	plu
que tu	eusses	plu
qu' il	eût	plu
que nous	eussions	plu
que vous	eussiez	plu
qu' ils	eussent	plu

Participe
Présent
plaisant

Passé
plu

Gérondif
en plaisant

Impératif
plais
plaisons
plaisez

Infinitif
passé
avoir plu

plaire *gefallen*

 Anwendungsbeispiele

Elle **plaît** beaucoup à ce garçon. *Sie gefällt diesem Jungen sehr.*
Cette couleur ne me **plaît** pas. *Diese Farbe gefällt mir nicht.*
Ce film **plaît** énormément. *Dieser Film hat viel Erfolg.*
Je voudrais un kilo de tomates, **s'il vous plaît**. *Ich möchte bitte ein Kilo Tomaten.*
Plaît-il ? *Wie bitte?*
Nous irons où il vous **plaira**. *Wir werden dahin gehen, wo Sie möchten.*
Nous **nous plaisons** beaucoup à La Rochelle. *Wir leben gerne in La Rochelle.*
Ils **se plaisent à** faire du jardinage. *Sie haben Spaß daran, im Garten zu arbeiten.*

 Sprichwörter

En avril ne te découvre pas d'un fil, en mai fais ce qu'il te **plaît**. *Im April ziehe dich warm an, im Mai so, wie es dir gefällt.*
Plaire à tout le monde, c'est **plaire** à n'importe qui. *Wenn man jedem gefällt, gefällt man irgendjemandem.*

 Ähnliche Verben

aimer *mögen/lieben*
apprécier *schätzen*
charmer *bezaubern*
convenir *passen*
séduire *verführen*

déplaire *nicht gefallen*
se complaire *an etw. Gefallen finden*

 Aufgepasst!

Achten Sie bitte auf das -î vor einem -t:
Cela vous **plaît** de vivre à la campagne ? *Leben Sie gerne auf dem Land?*
Das Participe passé von plaire ist unveränderlich:
Cette histoire lui **a** beaucoup **plu**. *Diese Geschichte hat ihr sehr gut gefallen.*
Ils **se sont plu** tout de suite. *Sie haben sich sofort gut verstanden.*

 Tipps & Tricks

Die Verben déplaire *nicht gefallen* und se complaire *Gefallen finden* folgen auch diesem Konjugationsmuster. Aber beim Verb taire *schweigen* steht im Indicatif présent ein -i vor dem -t und das Participe passé ist veränderlich: tu(e).

3. Gruppe

 pleuvoir *regnen*   Unpersönliches, unvollständiges Verb

Indicatif
Présent
–
–
il pleut
–
–
–

Passé composé
–
–
il a plu
–
–
–

Subjonctif
Présent
–
–
qu' il pleuve
–
–
–

Imparfait
–
–
il pleuvait
–
–
–

Plus-que-parfait
–
–
il avait plu
–
–
–

Imparfait
–
–
qu' il plût
–
–
–

Passé simple
–
–
il plut
–
–
–

Passé antérieur
–
–
il eut plu
–
–
–

Passé
–
–
qu' il ait plu
–
–
–

Futur simple
–
–
il pleuvra
–
–
–

Futur antérieur
–
–
il aura plu
–
–
–

Plus-que-parfait
–
–
qu' il eût plu
–
–
–

Conditionnel
Présent
–
–
il pleuvrait
–
–
–

Passé
–
–
il aurait plu
–
–
–

Participe
Présent
pleuvant

Passé
plu

Gérondif
en pleuvant

Impératif
–
–
–

Infinitif
passé
avoir plu

140

pleuvoir *regnen*

 Anwendungsbeispiele

Cela faisait des jours qu'il **pleuvait**. *Es regnete seit Tagen.*
Depuis près d'une heure il **pleut** à verse. *Seit ungefähr einer Stunde regnet es in Strömen.*
Il sort par tous les temps, qu'il **pleuve** ou qu'il vente. *Er geht jeden Tag aus dem Haus, egal ob es regnet oder schneit (wörtlich: oder der Wind weht).*
Les coups **pleuvaient** dans tous les sens. *Die Fäuste flogen durcheinander.*
Il **pleut** dans mon cœur comme il **pleut** sur la ville. *Es regnet in meinem Herz wie es in der Stadt regnet.* (Zitat von Paul Verlaine)
Il **pleut** à grosses gouttes. *Es regnet dicke Tropfen.*
S'il vient à **pleuvoir**, rentre à la maison. *Sollte es regnen, komm nach Hause.*

 Sprichwörter

S'il **pleut** à la Saint Médard, il pleut quarante jours plus tard. *Wenn es am 8. Juni regnet, regnet es vierzig Tage später wieder.*
Le banquier est quelqu'un qui vous prête son parapluie lorsque le soleil brille et vous le retire aussitôt qu'il **pleut**. *Ein Bankier ist jemand, der Ihnen seinen Regenschirm gibt, wenn die Sonne scheint, und ihn Ihnen wegnimmt, sobald es regnet.* (Zitat von Mark Twain)

 Ähnliche Verben

abonder *reichlich vorhanden sein* repleuvoir *wieder regnen*
bruiner *nieseln*
pleuviner *nieseln*
tomber *fallen*

 Gebrauch

Das unpersönliche Verb pleuvoir wird nur in der 3. Person Singular verwendet. Im übertragenen Sinn wird jedoch auch die 3. Person Plural gebraucht:
Les mauvaises nouvelles **pleuvaient**. *Es hagelte schlechte Nachrichten.*
Das Participe passé von pleuvoir ist unveränderlich.

 Tipps & Tricks

Mit pleuvoir lernen Sie auch gleich la pluie *der Regen*, le parapluie *der Regenschirm* und un temps pluvieux *ein regnerisches Wetter*.

3. Gruppe

54 pouvoir *können*

Indicatif
Présent
je	peux
tu	peux
il	peut
nous	pouvons
vous	pouvez
ils	peuvent

Passé composé
j'	ai	pu
tu	as	pu
il	a	pu
nous	avons	pu
vous	avez	pu
ils	ont	pu

Imparfait
je	pouvais
tu	pouvais
il	pouvait
nous	pouvions
vous	pouviez
ils	pouvaient

Plus-que-parfait
j'	avais	pu
tu	avais	pu
il	avait	pu
nous	avions	pu
vous	aviez	pu
ils	avaient	pu

Passé simple
je	pus
tu	pus
il	put
nous	pûmes
vous	pûtes
ils	purent

Passé antérieur
j'	eus	pu
tu	eus	pu
il	eut	pu
nous	eûmes	pu
vous	eûtes	pu
ils	eurent	pu

Futur simple
je	pourrai
tu	pourras
il	pourra
nous	pourrons
vous	pourrez
ils	pourront

Futur antérieur
j'	aurai	pu
tu	auras	pu
il	aura	pu
nous	aurons	pu
vous	aurez	pu
ils	auront	pu

Conditionnel
Présent
je	pourrais
tu	pourrais
il	pourrait
nous	pourrions
vous	pourriez
ils	pourraient

Passé
j'	aurais	pu
tu	aurais	pu
il	aurait	pu
nous	aurions	pu
vous	auriez	pu
ils	auraient	pu

Subjonctif
Présent
que je	puisse
que tu	puisses
qu' il	puisse
que nous	puissions
que vous	puissiez
qu' ils	puissent

Imparfait
que je	pusse
que tu	pusses
qu' il	pût
que nous	pussions
que vous	pussiez
qu' ils	pussent

Passé
que j'	aie	pu
que tu	aies	pu
qu' il	ait	pu
que nous	ayons	pu
que vous	ayez	pu
qu' ils	aient	pu

Plus-que-parfait
que j'	eusse	pu
que tu	eusses	pu
qu' il	eût	pu
que nous	eussions	pu
que vous	eussiez	pu
qu' ils	eussent	pu

Participe
Présent
pouvant

Passé
pu

Gérondif
en pouvant

Impératif
–
–
–

Infinitif passé
avoir pu

pouvoir *können*

 Anwendungsbeispiele

Je **peux** rentrer ? *Darf ich hereinkommen?*
Désolé, nous ne **pourrons** pas venir. *Tut mir leid, wir können nicht kommen.*
Il a fait ce qu'il **a pu**. *Er hat getan, was er konnte.*
Qu'est-ce que cela **peut** te faire ? *Was geht dich das an?*
Je n'**en peux** plus ! *Ich kann nicht mehr!*
Tu **pourrais** m'aider, s'il te plaît ? *Könntest du mir bitte helfen?*
Il **pourrait** bien pleuvoir ! *Es könnte regnen!*
Il **se pourrait que** nous partions pour le week-end. *Es könnte sein, dass wir über das Wochenende wegfahren.*

 Sprichwörter

Si jeunesse savait, si vieillesse **pouvait**. *In der Jugend kann man, im Alter weiß man.*
Va où tu **peux**, meurs où tu dois. *Geh, wohin du kannst, stirb, wo du musst.*

 Ähnliche Verben

être capable *in der Lage sein*
avoir l'autorisation *dürfen/die Erlaubnis haben*
avoir la possibilité *können/die Möglichkeit haben*

 Gebrauch

Die Formen il se peut que/il se pourrait que werden mit dem Subjonctif gebildet:
Il **se peut/pourrait** qu'elle ne **veuille** pas lui parler. *Es ist möglich, dass sie nicht mit ihm sprechen will.*
In der 1. Person Indicatif présent wird in der gehobenen Sprache je puis statt je peux verwendet:
Puis-je vous aider ? *Kann ich Ihnen helfen?*
Das deutsche Verb *können* wird oft mit savoir *wissen* übersetzt:
Elle **sait** nager. *Sie kann schwimmen.*

1. Gruppe

55 préférer *vorziehen*   -é in vorletzter Silbe → -è vor stummer Silbe

Indicatif

Présent
je	préfère
tu	préfères
il	préfère
nous	préférons
vous	préférez
ils	préfèrent

Passé composé
j'	ai	préféré
tu	as	préféré
il	a	préféré
nous	avons	préféré
vous	avez	préféré
ils	ont	préféré

Imparfait
je	préférais
tu	préférais
il	préférait
nous	préférions
vous	préfériez
ils	préféraient

Plus-que-parfait
j'	avais	préféré
tu	avais	préféré
il	avait	préféré
nous	avions	préféré
vous	aviez	préféré
ils	avaient	préféré

Passé simple
je	préférai
tu	préféras
il	préféra
nous	préférâmes
vous	préférâtes
ils	préférèrent

Passé antérieur
j'	eus	préféré
tu	eus	préféré
il	eut	préféré
nous	eûmes	préféré
vous	eûtes	préféré
ils	eurent	préféré

Futur simple
je	préférerai
tu	préféreras
il	préférera
nous	préférerons
vous	préférerez
ils	préféreront

Futur antérieur
j'	aurai	préféré
tu	auras	préféré
il	aura	préféré
nous	aurons	préféré
vous	aurez	préféré
ils	auront	préféré

Conditionnel

Présent
je	préférerais
tu	préférerais
il	préférerait
nous	préférerions
vous	préféreriez
ils	préféreraient

Passé
j'	aurais	préféré
tu	aurais	préféré
il	aurait	préféré
nous	aurions	préféré
vous	auriez	préféré
ils	auraient	préféré

Subjonctif

Présent
que je	préfère
que tu	préfères
qu' il	préfère
que nous	préférions
que vous	préfériez
qu' ils	préfèrent

Imparfait
que je	préférasse
que tu	préférasses
qu' il	préférât
que nous	préférassions
que vous	préférassiez
qu' ils	préférassent

Passé
que j'	aie	préféré
que tu	aies	préféré
qu' il	ait	préféré
que nous	ayons	préféré
que vous	ayez	préféré
qu' ils	aient	préféré

Plus-que-parfait
que j'	eusse	préféré
que tu	eusses	préféré
qu' il	eût	préféré
que nous	eussions	préféré
que vous	eussiez	préféré
qu' ils	eussent	préféré

Participe

Présent
préférant

Passé
préféré(e)

Gérondif
en préférant

Impératif
préfère
préférons
préférez

Infinitif passé
avoir préféré

préférer *vorziehen*

 Anwendungsbeispiele

Je **préfère** les pommes **aux** poires. *Ich mag Äpfel **lieber als** Birnen.*
Nous **préférons** passer les vacances à la mer **que de** partir à la montagne. *Wir **verbringen** die Ferien **lieber** am Meer, **als** in die Berge zu fahren.*
Je **préfère** la voiture **au** train. *Ich **fahre lieber** mit dem Auto **als** mit der Bahn.*
Il me **préfère avec** les cheveux longs. *Ich **gefalle** ihm **mit** langen Haaren besser.*
Je **préfère** le bleu. *Blau **gefällt mir besser.***
Cette plante **préfère** l'ombre. *Diese Pflanze **wächst im/braucht** Schatten.*
Comme vous **préférez**. *Ganz wie Sie **wollen**.*

 Witz

Une grand-mère dit à son petit-fils : « Pour ton anniversaire, je vais te faire un gâteau avec 12 bougies ! »
«Tu sais, Mamie, je **préférerais** que tu me fasses 12 gâteaux avec une bougie ! »

 Andere Verben

détester *hassen*
haïr *hassen*
aimer le moins *am wenigsten mögen*
ne pas pouvoir souffrir qn./qc. *jdn./etw. nicht leiden können*

 Gebrauch

Achten Sie bitte darauf, dass, préférer que den Subjonctif nach sich zieht:
Elle **préfère que** nous **venions** vers 20 heures. *Es ist ihr **lieber**, wenn wir gegen 20 Uhr **kommen**.*
J'**aurais préféré** qu'il y **ait pensé** lui-même. *Es **wäre** mir **lieber gewesen**, wenn er selber daran **gedacht hätte**.*
Je **préfère que** tu **viennes** avec nous au cinema. *Es ist mir **lieber**, wenn du mit uns ins Kino gehst.*

 Tipps & Tricks

Für die Verben céder *nachgeben*, compléter *ergänzen*, espérer *hoffen* und répéter *wiederholen* gilt das gleiche Konjugationsmuster (▷ Alphabetische Verbliste).

3. Gruppe

56 prendre *nehmen*

Indicatif

Présent

je	prends
tu	prends
il	prend
nous	prenons
vous	prenez
ils	prennent

Passé composé

j'	ai	pris
tu	as	pris
il	a	pris
nous	avons	pris
vous	avez	pris
ils	ont	pris

Imparfait

je	prenais
tu	prenais
il	prenait
nous	prenions
vous	preniez
ils	prenaient

Plus-que-parfait

j'	avais	pris
tu	avais	pris
il	avait	pris
nous	avions	pris
vous	aviez	pris
ils	avaient	pris

Passé simple

je	pris
tu	pris
il	prit
nous	prîmes
vous	prîtes
ils	prirent

Passé antérieur

j'	eus	pris
tu	eus	pris
il	eut	pris
nous	eûmes	pris
vous	eûtes	pris
ils	eurent	pris

Futur simple

je	prendrai
tu	prendras
il	prendra
nous	prendrons
vous	prendrez
ils	prendront

Futur antérieur

j'	aurai	pris
tu	auras	pris
il	aura	pris
nous	aurons	pris
vous	aurez	pris
ils	auront	pris

Conditionnel

Présent

je	prendrais
tu	prendrais
il	prendrait
nous	prendrions
vous	prendriez
ils	prendraient

Passé

j'	aurais	pris
tu	aurais	pris
il	aurait	pris
nous	aurions	pris
vous	auriez	pris
ils	auraient	pris

Subjonctif

Présent

que je	prenne
que tu	prennes
qu' il	prenne
que nous	prenions
que vous	preniez
qu' ils	prennent

Imparfait

que je	prisse
que tu	prisses
qu' il	prît
que nous	prissions
que vous	prissiez
qu' ils	prissent

Passé

que j'	aie	pris
que tu	aies	pris
qu' il	ait	pris
que nous	ayons	pris
que vous	ayez	pris
qu' ils	aient	pris

Plus-que-parfait

que j'	eusse	pris
que tu	eusses	pris
qu' il	eût	pris
que nous	eussions	pris
que vous	eussiez	pris
qu' ils	eussent	pris

Participe

Présent

prenant

Passé

pris(e)

Gérondif

en prenant

Impératif

prends
prenons
prenez

Infinitif passé

avoir pris

prendre *nehmen*

 Anwendungsbeispiele
Il **prend** du sucre **avec** son café. *Er nimmt Zucker in seinen Kaffee.*
On **prend** un verre ? *Trinken wir was?*
Quand **prenez**-vous votre retraite ? *Wann gehen Sie in den Ruhestand?*
Combien **prend**-il de l'heure ? *Welchen Stundenlohn verlangt er?*
Elle **fut prise de** panique. *Sie geriet in Panik.*
Il l'**a prise en** photo. *Er hat sie fotografiert.*
Elle **se prend** trop au sérieux. *Sie nimmt sich zu ernst.*
Ils **s'en prennent au** gouvernement. *Sie machen die Regierung dafür verantwortlich.*
Je **me** suis **pris** les pieds **dans** le tapis. *Ich bin über den Teppich gestolpert* (wörtlich: *bin mit den Füßen im Teppich hängen geblieben*).

 Witz
Deux puces sortent du cinéma. L'une dit à l'autre : « On rentre à pied ou on **prend** un chien ? »

Ähnliche Verben

emporter *mitnehmen*	apprendre *lernen*
emmener *mitnehmen*	comprendre *verstehen*
saisir *packen/fassen*	surprendre *überraschen*
attraper *fangen*	entreprendre *unternehmen*
	se méprendre *sich irren*

 Aufgepasst!
Beachten Sie die zahlreichen Stammänderungen, die unterschiedliche Aussprache- und Schreibweisen nach sich ziehen, z. B.:
que je **prenne** *dass ich nehme*
que nous **prenions** *dass wir nehmen*
Wie bei rendre hat die 3. Person Singular im Indicatif présent keine Endung:
Elle **prend** de l'eau. *Sie nimmt ein Wasser.*

 Tipps & Tricks
Alle abgeleiteten Verbformen von prendre werden nach diesem Konjugationsmuster konjugiert (▷ Alphabetische Verbliste): apprendre *lernen*, comprendre *verstehen*, surprendre *überraschen* etc.

3. Gruppe

57 prévoir *vorhersehen*

Indicatif

Présent

je	prévois
tu	prévois
il	prévoit
nous	prévoyons
vous	prévoyez
ils	prévoient

Passé composé

j'	ai	prévu
tu	as	prévu
il	a	prévu
nous	avons	prévu
vous	avez	prévu
ils	ont	prévu

Imparfait

je	prévoyais
tu	prévoyais
il	prévoyait
nous	prévoyions
vous	prévoyiez
ils	prévoyaient

Plus-que-parfait

j'	avais	prévu
tu	avais	prévu
il	avait	prévu
nous	avions	prévu
vous	aviez	prévu
ils	avaient	prévu

Passé simple

je	prévis
tu	prévis
il	prévit
nous	prévîmes
vous	prévîtes
ils	prévirent

Passé antérieur

j'	eus	prévu
tu	eus	prévu
il	eut	prévu
nous	eûmes	prévu
vous	eûtes	prévu
ils	eurent	prévu

Futur simple

je	prévoirai
tu	prévoiras
il	prévoira
nous	prévoirons
vous	prévoirez
ils	prévoiront

Futur antérieur

j'	aurai	prévu
tu	auras	prévu
il	aura	prévu
nous	aurons	prévu
vous	aurez	prévu
ils	auront	prévu

Conditionnel

Présent

je	prévoirais
tu	prévoirais
il	prévoirait
nous	prévoirions
vous	prévoiriez
ils	prévoiraient

Passé

j'	aurais	prévu
tu	aurais	prévu
il	aurait	prévu
nous	aurions	prévu
vous	auriez	prévu
ils	auraient	prévu

Subjonctif

Présent

que je	prévoie
que tu	prévoies
qu' il	prévoie
que nous	prévoyions
que vous	prévoyiez
qu' ils	prévoient

Imparfait

que je	prévisse
que tu	prévisses
qu' il	prévît
que nous	prévissions
que vous	prévissiez
qu' ils	prévissent

Passé

que j'	aie	prévu
que tu	aies	prévu
qu' il	ait	prévu
que nous	ayons	prévu
que vous	ayez	prévu
qu' ils	aient	prévu

Plus-que-parfait

que j'	eusse	prévu
que tu	eusses	prévu
qu' il	eût	prévu
que nous	eussions	prévu
que vous	eussiez	prévu
qu' ils	eussent	prévu

Participe

Présent

prévoyant

Passé

prévu(e)

Gérondif

en prévoyant

Impératif

prévois
prévoyons
prévoyez

Infinitif passé

avoir prévu

148

prévoir *vorhersehen*

 Anwendungsbeispiele
J'**avais prévu** sa réaction. *Ich hatte seine Reaktion vorausgesehen.*
As-tu **prévu** un pique-nique pour le voyage ? *Hast du eine Brotzeit für die Reise besorgt?*
Nous **prévoyons que** les négociations seront difficiles. *Wir rechnen damit, dass die Verhandlungen schwierig werden.*
Tout **laisse prévoir qu'**il sera réélu. *Alles deutet darauf hin, dass er wiedergewählt wird.*
Cette voiture **est prévue pour** cinq personnes. *Dieses Auto ist für fünf Personen gebaut.*
Ce délit **est prévu par** la loi. *Dieses Verbrechen ist laut Gesetz strafbar.*

 Redewendungen
prévoir l'avenir *die Zukunft vorhersagen/verhersehen*
prévoir une catastrophe *eine Katastrophe ankündigen*
prévoir grand *groß genug vorsehen/planen*
avoir qc. de prévu *etw. vorhaben*
prévoir de faire qc. *planen, etw. zu tun/vorhaben*

 Ähnliche Verben
anticiper *voraussehen*
pressentir *vorausahnen*
pronostiquer *voraussagen*
organiser *organisieren/vorsorgen*

 Aufgepasst!
Das Verb prévoir wird wie voir *sehen* konjugiert, außer im Futur simple und im Conditionnel présent.
Beachten Sie daher vor allem die abweichenden Formen, wie beispielsweise nous **prévoirons** *wir werden vorhersehen* und ils **prévoiraient** *sie würden vorhersehen*.

3. Gruppe

58 recevoir *bekommen*

-c → -ç vor -o und -u

Indicatif

Présent
je	reçois
tu	reçois
il	reçoit
nous	recevons
vous	recevez
ils	reçoivent

Passé composé
j'	ai	reçu
tu	as	reçu
il	a	reçu
nous	avons	reçu
vous	avez	reçu
ils	ont	reçu

Imparfait
je	recevais
tu	recevais
il	recevait
nous	recevions
vous	receviez
ils	recevaient

Plus-que-parfait
j'	avais	reçu
tu	avais	reçu
il	avait	reçu
nous	avions	reçu
vous	aviez	reçu
ils	avaient	reçu

Passé simple
je	reçus
tu	reçus
il	reçut
nous	reçûmes
vous	reçûtes
ils	reçurent

Passé antérieur
j'	eus	reçu
tu	eus	reçu
il	eut	reçu
nous	eûmes	reçu
vous	eûtes	reçu
ils	eurent	reçu

Futur simple
je	recevrai
tu	recevras
il	recevra
nous	recevrons
vous	recevrez
ils	recevront

Futur antérieur
j'	aurai	reçu
tu	auras	reçu
il	aura	reçu
nous	aurons	reçu
vous	aurez	reçu
ils	auront	reçu

Conditionnel

Présent
je	recevrais
tu	recevrais
il	recevrait
nous	recevrions
vous	recevriez
ils	recevraient

Passé
j'	aurais	reçu
tu	aurais	reçu
il	aurait	reçu
nous	aurions	reçu
vous	auriez	reçu
ils	auraient	reçu

Subjonctif

Présent
que je	reçoive
que tu	reçoives
qu' il	reçoive
que nous	recevions
que vous	receviez
qu' ils	reçoivent

Imparfait
que je	reçusse
que tu	reçusses
qu' il	reçût
que nous	reçussions
que vous	reçussiez
qu' ils	reçussent

Passé
que j'	aie	reçu
que tu	aies	reçu
qu' il	ait	reçu
que nous	ayons	reçu
que vous	ayez	reçu
qu' ils	aient	reçu

Plus-que-parfait
que j'	eusse	reçu
que tu	eusses	reçu
qu' il	eût	reçu
que nous	eussions	reçu
que vous	eussiez	reçu
qu' ils	eussent	reçu

Participe

Présent
recevant

Passé
reçu(e)

Gérondif
en recevant

Impératif
reçois
recevons
recevez

Infinitif passé
avoir reçu

recevoir *bekommen*

 Anwendungsbeispiele

As-tu **reçu** mon e-mail ? *Hast du meine E-Mail erhalten?*
Elle **a reçu** un caillou sur la tête. *Ein Stein hat sie am Kopf getroffen.*
Cette année, 65 % des candidats **ont été reçus au** baccalauréat. *Dieses Jahr haben 65 % der Kandidaten das Abitur bestanden.*
Je n'ai pas de leçons à **recevoir de** vous. *Sie haben mich nicht zu belehren.*
Ils aiment **recevoir**. *Sie haben gern Gäste.*
Cette affaire **a reçu** toute son attention. *Er hat dieser Angelegenheit seine ganze Aufmerksamkeit gewidmet.*
Elle **a reçu** une lettre **de** son ami. *Sie hat einen Brief von ihrem Freund erhalten.*

 Redewendungen

recevoir son salaire *sein Gehalt bekommen*
recevoir qn. à déjeuner/dîner *einen Gast zum Mittag-/Abendessen haben*
recevoir la visite de qn. *Besuch von jdm. haben*
recevoir qc. en cadeau *etw. als Geschenk bekommen*
recevoir qn. chez soi *jdn. zu sich nach Hause einladen*
recevoir qn. gentiment *jdn. freundlich empfangen*
être reçu à un examen *eine Prüfung bestehen*

 Andere Verben

donner *geben*
offrir *schenken*
payer *bezahlen*
envoyer *senden*

 Aufgepasst!

Achten Sie bitte bei recevoir auf das ç- vor -o und -u:
je reçois *ich bekomme*
elle a reçu *sie hat bekommen*

 Tipps & Tricks

Die Verben apercevoir *bemerken*, décevoir *enttäuschen*, concevoir *planen* und percevoir *wahrnehmen* werden ebenfalls nach diesem Konjugationsmuster konjugiert (▷ Alphabetische Verbliste).

3. Gruppe

59 rendre *zurückgeben*

Indicatif

Présent

je	rends
tu	rends
il	rend
nous	rendons
vous	rendez
ils	rendent

Imparfait

je	rendais
tu	rendais
il	rendait
nous	rendions
vous	rendiez
ils	rendaient

Passé simple

je	rendis
tu	rendis
il	rendit
nous	rendîmes
vous	rendîtes
ils	rendirent

Futur simple

je	rendrai
tu	rendras
il	rendra
nous	rendrons
vous	rendrez
ils	rendront

Passé composé

j'	ai	rendu
tu	as	rendu
il	a	rendu
nous	avons	rendu
vous	avez	rendu
ils	ont	rendu

Plus-que-parfait

j'	avais	rendu
tu	avais	rendu
il	avait	rendu
nous	avions	rendu
vous	aviez	rendu
ils	avaient	rendu

Passé antérieur

j'	eus	rendu
tu	eus	rendu
il	eut	rendu
nous	eûmes	rendu
vous	eûtes	rendu
ils	eurent	rendu

Futur antérieur

j'	aurai	rendu
tu	auras	rendu
il	aura	rendu
nous	aurons	rendu
vous	aurez	rendu
ils	auront	rendu

Conditionnel

Présent

je	rendrais
tu	rendrais
il	rendrait
nous	rendrions
vous	rendriez
ils	rendraient

Passé

j'	aurais	rendu
tu	aurais	rendu
il	aurait	rendu
nous	aurions	rendu
vous	auriez	rendu
ils	auraient	rendu

Subjonctif

Présent

que je	rende
que tu	rendes
qu' il	rende
que nous	rendions
que vous	rendiez
qu' ils	rendent

Imparfait

que je	rendisse
que tu	rendisses
qu' il	rendît
que nous	rendissions
que vous	rendissiez
qu' ils	rendissent

Passé

que j'	aie	rendu
que tu	aies	rendu
qu' il	ait	rendu
que nous	ayons	rendu
que vous	ayez	rendu
qu' ils	aient	rendu

Plus-que-parfait

que j'	eusse	rendu
que tu	eusses	rendu
qu' il	eût	rendu
que nous	eussions	rendu
que vous	eussiez	rendu
qu' ils	eussent	rendu

Participe

Présent

rendant

Passé

rendu(e)

Gérondif

en rendant

Impératif

rends
rendons
rendez

Infinitif

passé

avoir rendu

152

rendre *zurückgeben*

 Anwendungsbeispiele

Elle **a rendu** le jouet **à** Julien. *Sie hat Julien das Spielzeug **zurückgegeben**.*
Attendez, je vous **rends** la monnaie. *Warten Sie, ich **gebe** Ihnen das Wechselgeld **heraus**.*
Il **a rendu**. *Er hat sich erbrochen.*
C'est à vous **rendre** fou ! *Es ist zum Verrückt**werden**!*
Les soldats **se sont rendus**. *Die Soldaten **haben sich ergeben**.*
Je **me rends** toujours **au** bureau en métro. *Ich **fahre** immer mit der U-Bahn **zur** Arbeit.*

 Redewendungen

rendre visite à qn. *jdn. besuchen*
rendre hommage à qn. *jdm. die Ehre erweisen*
rendre service à qn. *jdm. helfen*
rendre la santé à qn. *jdn. heilen*
rendre public *veröffentlichen*
rendre l'âme *sterben*
rendre son tablier *kündigen*

 Ähnliche Verben

rembourser *zurückerstatten*
redonner *zurückgeben*
restituer *zurückgeben*
vomir *erbrechen*
aller *gehen*
capituler *kapitulieren*

 Aufgepasst!

Wie bei prendre *nehmen* und vaincre *besiegen* beachten Sie bitte auch bei rendre, dass die 3. Person Singular keine Endung hat:
Elle ren**d** la monnaie. *Sie gibt das Wechselgeld heraus.*

 Tipps & Tricks

Für die Verben attendre *warten*, défendre *verteidigen*, descendre *heruntergehen*, répondre *antworten*, tendre *reichen* und vendre *verkaufen* gilt ebenfalls dieses Konjugationsmuster (▶ Alphabetische Verbliste).

153

3. Gruppe

résoudre *lösen*

Indicatif

Présent
je	résous
tu	résous
il	résout
nous	résolvons
vous	résolvez
ils	résolvent

Imparfait
je	résolvais
tu	résolvais
il	résolvait
nous	résolvions
vous	résolviez
ils	résolvaient

Passé simple
je	résolus
tu	résolus
il	résolut
nous	résolûmes
vous	résolûtes
ils	résolurent

Futur simple
je	résoudrai
tu	résoudras
il	résoudra
nous	résoudrons
vous	résoudrez
ils	résoudront

Passé composé
j'	ai	résolu
tu	as	résolu
il	a	résolu
nous	avons	résolu
vous	avez	résolu
ils	ont	résolu

Plus-que-parfait
j'	avais	résolu
tu	avais	résolu
il	avait	résolu
nous	avions	résolu
vous	aviez	résolu
ils	avaient	résolu

Passé antérieur
j'	eus	résolu
tu	eus	résolu
il	eut	résolu
nous	eûmes	résolu
vous	eûtes	résolu
ils	eurent	résolu

Futur antérieur
j'	aurai	résolu
tu	auras	résolu
il	aura	résolu
nous	aurons	résolu
vous	aurez	résolu
ils	auront	résolu

Conditionnel

Présent
je	résoudrais
tu	résoudrais
il	résoudrait
nous	résoudrions
vous	résoudriez
ils	résoudraient

Passé
j'	aurais	résolu
tu	aurais	résolu
il	aurait	résolu
nous	aurions	résolu
vous	auriez	résolu
ils	auraient	résolu

Subjonctif

Présent
que je	résolve
que tu	résolves
qu'il	résolve
que nous	résolvions
que vous	résolviez
qu'ils	résolvent

Imparfait
que je	résolusse
que tu	résolusses
qu'il	résolût
que nous	résolussions
que vous	résolussiez
qu'ils	résolussent

Passé
que j'	aie	résolu
que tu	aies	résolu
qu'il	ait	résolu
que nous	ayons	résolu
que vous	ayez	résolu
qu'ils	aient	résolu

Plus-que-parfait
que j'	eusse	résolu
que tu	eusses	résolu
qu'il	eût	résolu
que nous	eussions	résolu
que vous	eussiez	résolu
qu'ils	eussent	résolu

Participe

Présent
résolvant

Passé
résolu(e)

Gérondif
en résolvant

Impératif
résous
résolvons
résolvez

Infinitif passé
avoir résolu

résoudre *lösen*

 Anwendungsbeispiele
Voici une énigme **à résoudre**. *Dies ist ein Rätsel zum Lösen.*
Il n'est pas facile de **résoudre** ce problème. *Es ist nicht leicht, dieses Problem zu lösen.*
Nous **avons résolu de** ne pas réagir. *Wir haben beschlossen, nicht zu reagieren.*
Nous **nous sommes résolus à** vendre la maison. *Wir haben uns entschlossen, das Haus zu verkaufen.*
Ils **ont résolu** sa mort. *Sie haben über seinen Tod entschieden.*
La vapeur **se résout en** pluie. *Der Dampf wird zu Regen.*

 Redewendungen
résoudre un problème de mathématique *eine Mathematikaufgabe lösen*
résoudre un contrat *einen Vertrag auflösen*
résoudre une tumeur *einen Tumor zur Rückbildung bringen*

 Ähnliche Verben
solutionner *lösen*
comprendre *verstehen*
deviner *erraten*
décomposer *auflösen*
résilier *auflösen*
analyser *analysieren*
décider *entscheiden/beschließen*

absoudre *verzeihen*
dissoudre *auflösen*

 Aufgepasst!
Das Verb résoudre hat zwei Formen im Participe passé.
- résolu(e):
  Un problème **est résolu**. *Ein Problem wird gelöst.*
- résous/résoute (Chemie):
  Un gaz **est résous** en liquide: *Ein Gas wird verflüssigt.*

 Tipps & Tricks
Die Verben absoudre *verzeihen* und dissoudre *auflösen* werden auch nach diesem Konjugationsmuster konjugiert (▷ Alphabetische Verbliste). Sie bilden aber das Participe passé wie folgt: **absous/absoute** und **dissous/dissoute**.

3. Gruppe

 rire *lachen*

Indicatif

Présent
je	ris
tu	ris
il	rit
nous	rions
vous	riez
ils	rient

Imparfait
je	riais
tu	riais
il	riait
nous	riions
vous	riiez
ils	riaient

Passé simple
je	ris
tu	ris
il	rit
nous	rîmes
vous	rîtes
ils	rirent

Futur simple
je	rirai
tu	riras
il	rira
nous	rirons
vous	rirez
ils	riront

Passé composé
j'	ai	ri
tu	as	ri
il	a	ri
nous	avons	ri
vous	avez	ri
ils	ont	ri

Plus-que-parfait
j'	avais	ri
tu	avais	ri
il	avait	ri
nous	avions	ri
vous	aviez	ri
ils	avaient	ri

Passé antérieur
j'	eus	ri
tu	eus	ri
il	eut	ri
nous	eûmes	ri
vous	eûtes	ri
ils	eurent	ri

Futur antérieur
j'	aurai	ri
tu	auras	ri
il	aura	ri
nous	aurons	ri
vous	aurez	ri
ils	auront	ri

Conditionnel

Présent
je	rirais
tu	rirais
il	rirait
nous	ririons
vous	ririez
ils	riraient

Passé
j'	aurais	ri
tu	aurais	ri
il	aurait	ri
nous	aurions	ri
vous	auriez	ri
ils	auraient	ri

Subjonctif

Présent
que je	rie
que tu	ries
qu'il	rie
que nous	riions
que vous	riiez
qu'ils	rient

Imparfait
que je	risse
que tu	risses
qu'il	rît
que nous	rissions
que vous	rissiez
qu'ils	rissent

Passé
que j'	aie	ri
que tu	aies	ri
qu'il	ait	ri
que nous	ayons	ri
que vous	ayez	ri
qu'ils	aient	ri

Plus-que-parfait
que j'	eusse	ri
que tu	eusses	ri
qu'il	eût	ri
que nous	eussions	ri
que vous	eussiez	ri
qu'ils	eussent	ri

Participe

Présent
riant

Passé
ri

Gérondif
en riant

Impératif
ris
rions
riez

Infinitif passé
avoir ri

rire *lachen*

 Anwendungsbeispiele

Nous **avons** bien **ri**. *Wir **haben** sehr **gelacht**.*
Elle **a ri de** ses plaisanteries. *Sie **hat** über seine Witze **gelacht**.*
Il **se rit de** toi. *Er **macht sich** über dich **lustig**.*
Ses yeux **riaient**. *Seine Augen **strahlten**.*
Il n'y a de quoi **rire**. *Da gibt es nichts zu **lachen**.*
Vous **voulez rire** ? *Machen Sie **Spaß**?*
Vous me faites **rire** ! *Dass ich nicht **lache**!*
Il **a ri aux éclats**. *Er lachte **lauthals los**.*
Sans rire, c'est toi qui as gagné. ***Scherz beiseite**, du hast gewonnen.*
Mieux vaut **en rire** qu'en pleurer. *Es ist besser, es **mit Humor zu nehmen**.*

 Sprichwörter

Rira bien qui **rira** le dernier. *Wer zuletzt lacht, lacht am besten.*
Plus on est de fous, plus on **rit**. *Je mehr Leute, umso lustiger.*
Ris et le monde **rira** avec toi; pleure et tu pleureras seul. *Wenn du lachst, lacht die Welt mit dir; wenn du weinst, weinst du allein.*

 Ähnliche Verben

s'amuser *Spaß haben*   sourire *lächeln*
se distraire *sich amüsieren*
se divertir *sich amüsieren*
se moquer *sich lustig machen*

 Aufgepasst!

Merken Sie sich bitte die Schreibweise mit -ii in der 1. und 2. Person Plural des Imparfait und des Subjonctif présent wie beispielsweise in vous **riiez** *Sie **lachten**.*

Das Participe passé ist unveränderlich, auch in der Reflexivform:
Elle **s'est ri de** lui. *Sie **hat sich** über ihn **lustig gemacht**.*

 Tipps & Tricks

Das Verb sourire *lächeln* wird nach dem gleichen Konjugationsmuster konjugiert (▷ Alphabetische Verbliste).

157

3. Gruppe

62 servir *(be)dienen*

Indicatif

Présent
je	sers
tu	sers
il	sert
nous	servons
vous	servez
ils	servent

Imparfait
je	servais
tu	servais
il	servait
nous	servions
vous	serviez
ils	servaient

Passé simple
je	servis
tu	servis
il	servit
nous	servîmes
vous	servîtes
ils	servirent

Futur simple
je	servirai
tu	serviras
il	servira
nous	servirons
vous	servirez
ils	serviront

Passé composé
j'	ai	servi
tu	as	servi
il	a	servi
nous	avons	servi
vous	avez	servi
ils	ont	servi

Plus-que-parfait
j'	avais	servi
tu	avais	servi
il	avait	servi
nous	avions	servi
vous	aviez	servi
ils	avaient	servi

Passé antérieur
j'	eus	servi
tu	eus	servi
il	eut	servi
nous	eûmes	servi
vous	eûtes	servi
ils	eurent	servi

Futur antérieur
j'	aurai	servi
tu	auras	servi
il	aura	servi
nous	aurons	servi
vous	aurez	servi
ils	auront	servi

Subjonctif

Présent
que je	serve
que tu	serves
qu' il	serve
que nous	servions
que vous	serviez
qu' ils	servent

Imparfait
que je	servisse
que tu	servisses
qu' il	servît
que nous	servissions
que vous	servissiez
qu' ils	servissent

Passé
que j'	aie	servi
que tu	aies	servi
qu' il	ait	servi
que nous	ayons	servi
que vous	ayez	servi
qu' ils	aient	servi

Plus-que-parfait
que j'	eusse	servi
que tu	eusses	servi
qu' il	eût	servi
que nous	eussions	servi
que vous	eussiez	servi
qu' ils	eussent	servi

Conditionnel

Présent
je	servirais
tu	servirais
il	servirait
nous	servirions
vous	serviriez
ils	serviraient

Passé
j'	aurais	servi
tu	aurais	servi
il	aurait	servi
nous	aurions	servi
vous	auriez	servi
ils	auraient	servi

Participe

Présent
servant

Passé
servi(e)

Gérondif
en servant

Impératif
sers
servons
servez

Infinitif
passé
avoir servi

servir *(be)dienen*

 Anwendungsbeispiele

Qu'est-ce que je vous **sers** ? *Was darf ich Ihnen anbieten?*
Il m'**a servi à** boire. *Er hat mir etwas zu trinken gegeben.*
J'**ai servi** de la soupe **aux** enfants. *Ich habe den Kindern Suppe gegeben.*
A quoi ça **sert** ? *Wozu dient das?*
Cela ne **sert à** rien de crier. *Es nützt nichts zu schreien.*
Cette pièce nous **sert de** bureau. *Diesen Raum nutzen wir als Büro.*
Elle **se fait servir.** *Sie lässt sich bedienen.*
Tu **te sers** toujours le premier ! *Du bedienst dich immer als Erster!*
Servez-vous en gateau ! *Nehmen Sie sich Kuchen!*
Ce vin **se sert** au dessert. *Dieser Wein wird zur Nachspeise gereicht.*
Cette pile n'**a servi** qu'une fois. *Diese Batterie ist nur einmal benutzt worden.*

 Sprichwörter

On n'**est** jamais si bien **servi** que par soi-même. *Man kennt sich selbst am besten.*
Rien ne **sert** de courir, il faut partir à point. *Das nützt jetzt auch nichts mehr.*

 Ähnliche Verben

donner *geben*
être utile *nützlich sein*
employer *verwenden/gebrauchen*
utiliser *verwenden/gebrauchen*

(se) resservir *(sich) wieder (be)dienen*
desservir *abräumen*
asservir *unterwerfen*

 Aufgepasst!

Achten Sie bitte auf den kurzen Stamm im Singular im Indicatif présent und im Impératif:
Elle se **sert** beaucoup de cet outil. *Sie benutzt dieses Werkzeug oft.*
Das Verb servir wird auch als reflexives Verb verwendet:
Je **me sers** beaucoup **de** mon portable. *Ich benutze mein Handy sehr oft.*
Sers-toi de mes gants ! *Nimm meine Handschuhe!*

 Tipps & Tricks

Die Verben (se) resservir *(sich) wieder (be)dienen* und desservir *abräumen* werden nach dem gleichen Konjugationsmuster (▷ Alphabetische Verbliste) konjugiert. Aber asservir *unterwerfen* wird wie finir *beenden* konjugiert.

3. Gruppe

(63) suffire *genügen*

Indicatif

Présent

je	suffis
tu	suffis
il	suffit
nous	suffisons
vous	suffisez
ils	suffisent

Passé composé

j'	ai	suffi
tu	as	suffi
il	a	suffi
nous	avons	suffi
vous	avez	suffi
ils	ont	suffi

Imparfait

je	suffisais
tu	suffisais
il	suffisait
nous	suffisions
vous	suffisiez
ils	suffisaient

Plus-que-parfait

j'	avais	suffi
tu	avais	suffi
il	avait	suffi
nous	avions	suffi
vous	aviez	suffi
ils	avaient	suffi

Passé simple

je	suffis
tu	suffis
il	suffit
nous	suffîmes
vous	suffîtes
ils	suffirent

Passé antérieur

j'	eus	suffi
tu	eus	suffi
il	eut	suffi
nous	eûmes	suffi
vous	eûtes	suffi
ils	eurent	suffi

Futur simple

je	suffirai
tu	suffiras
il	suffira
nous	suffirons
vous	suffirez
ils	suffiront

Futur antérieur

j'	aurai	suffi
tu	auras	suffi
il	aura	suffi
nous	aurons	suffi
vous	aurez	suffi
ils	auront	suffi

Conditionnel

Présent

je	suffirais
tu	suffirais
il	suffirait
nous	suffirions
vous	suffiriez
ils	suffiraient

Passé

j'	aurais	suffi
tu	aurais	suffi
il	aurait	suffi
nous	aurions	suffi
vous	auriez	suffi
ils	auraient	suffi

Subjonctif

Présent

que je	suffise
que tu	suffises
qu' il	suffise
que nous	suffisions
que vous	suffisiez
qu' ils	suffisent

Imparfait

que je	suffisse
que tu	suffisses
qu' il	suffît
que nous	suffissions
que vous	suffissiez
qu' ils	suffissent

Passé

que j'	aie	suffi
que tu	aies	suffi
qu' il	ait	suffi
que nous	ayons	suffi
que vous	ayez	suffi
qu' ils	aient	suffi

Plus-que-parfait

que j'	eusse	suffi
que tu	eusses	suffi
qu' il	eût	suffi
que nous	eussions	suffi
que vous	eussiez	suffi
qu' ils	eussent	suffi

Participe

Présent

suffisant

Passé

suffi

Gérondif

en suffisant

Impératif

suffis
suffisons
suffisez

Infinitif passé

avoir suffi

suffire *genügen*

 Anwendungsbeispiele

Merci, cela me **suffit** ! *Danke, es reicht.*
Son salaire **suffit à** les faire vivre. *Sein Gehalt reicht aus, um sie zu ernähren.*
Il **suffit de** téléphoner pour s'inscrire. *Um sich anzumelden, braucht man nur anzurufen.*
Il **suffit que** tu mettes cet ensemble pour être élégante. *Es genügt, wenn du diesen Anzug anziehst, um elegant auszusehen.*
Il **se suffit à** lui même. *Er genügt sich selbst.*
A chaque jour **suffit** sa peine. *Mehr kann man nicht tun.*
Il **suffit d'**un rien. *Eine Kleinigkeit genügt.*

 Witz

Un jeune homme va se confesser juste avant son mariage. Lorsqu'il a terminé, il demande au curé quelle sera sa pénitence.
Ce dernier lui répond : « Aucune, mon fils vous allez vous marier, cela **suffit** comme ça ! »

 Ähnliche Verben

être assez *genug sein*
être suffisant *ausreichen*
satisfaire *zufriedenstellen*

 Gebrauch

Achten Sie bitte darauf, dass die unpersönliche Wendung **il suffit que** mit dem Subjonctif gebildet wird:
Il suffit que je **vienne** pour que vous soyez malade. *Sobald ich komme, sind Sie krank.*
In manchen Formen liegt eine Stammänderung von **suffi-** zu **suffis-** vor, wie beispielsweise im Imparfait:
Cela **suffis**ait absolument. *Das reichte vollkommen.*

 Tipps & Tricks

Das unvollständige Verb frire *braten* sowie das Verb circoncire *beschneiden* werden zwar nach diesem Konjugationsmuster konjugiert (▷ Alphabetische Verbliste), ihr Participe passé ist jedoch veränderlich: circoncis(e), frit(e).

161

3. Gruppe

64 suivre *folgen*

Indicatif
Présent
je	suis
tu	suis
il	suit
nous	suivons
vous	suivez
ils	suivent

Passé composé
j'	ai	suivi
tu	as	suivi
il	a	suivi
nous	avons	suivi
vous	avez	suivi
ils	ont	suivi

Imparfait
je	suivais
tu	suivais
il	suivait
nous	suivions
vous	suiviez
ils	suivaient

Plus-que-parfait
j'	avais	suivi
tu	avais	suivi
il	avait	suivi
nous	avions	suivi
vous	aviez	suivi
ils	avaient	suivi

Passé simple
je	suivis
tu	suivis
il	suivit
nous	suivîmes
vous	suivîtes
ils	suivirent

Passé antérieur
j'	eus	suivi
tu	eus	suivi
il	eut	suivi
nous	eûmes	suivi
vous	eûtes	suivi
ils	eurent	suivi

Futur simple
je	suivrai
tu	suivras
il	suivra
nous	suivrons
vous	suivrez
ils	suivront

Futur antérieur
j'	aurai	suivi
tu	auras	suivi
il	aura	suivi
nous	aurons	suivi
vous	aurez	suivi
ils	auront	suivi

Conditionnel
Présent
je	suivrais
tu	suivrais
il	suivrait
nous	suivrions
vous	suivriez
ils	suivraient

Passé
j'	aurais	suivi
tu	aurais	suivi
il	aurait	suivi
nous	aurions	suivi
vous	auriez	suivi
ils	auraient	suivi

Subjonctif
Présent
que je	suive
que tu	suives
qu' il	suive
que nous	suivions
que vous	suiviez
qu' ils	suivent

Imparfait
que je	suivisse
que tu	suivisses
qu' il	suivît
que nous	suivissions
que vous	suivissiez
qu' ils	suivissent

Passé
que j'	aie	suivi
que tu	aies	suivi
qu' il	ait	suivi
que nous	ayons	suivi
que vous	ayez	suivi
qu' ils	aient	suivi

Plus-que-parfait
que j'	eusse	suivi
que tu	eusses	suivi
qu' il	eût	suivi
que nous	eussions	suivi
que vous	eussiez	suivi
qu' ils	eussent	suivi

Participe
Présent
suivant

Passé
suivi(e)

Gérondif
en suivant

Impératif
suis
suivons
suivez

Infinitif passé
avoir suivi

suivre *folgen*

 Anwendungsbeispiele
Ce chien me **suit** partout. *Dieser Hund **folgt** mir überall hin.*
Son fils ne **suit** pas bien à l'école. *Ihr Sohn **kommt** in der Schule nicht gut **mit**.*
Suivez la rivière jusqu'au pont. ***Gehen** Sie den Fluss **entlang** bis zur Brücke.*
Je **suis** des cours de cuisine. *Ich **belege** einen Kochkurs.*
Elle **est suivie par** un psychologue. *Sie **wird von** einem Psychologen betreut.*
Nos numéros **se suivent**. *Unsere Nummern **folgen aufeinander**.*
Les jours **se suivent** et ne se ressemblent pas. *Jeder Tag ist anders.*

 Redewendungen
suivre de près/de loin *aus der Ferne/Nähe verfolgen/beobachten*
suivre qn. à la trace *jdm. auf den Fersen sein*
suivre l'actualité *die Nachrichten verfolgen*
suivre la mode *mit der Mode gehen*

 Ähnliche Verben
talonner *jdm. auf den Fersen sein*   poursuivre *verfolgen*
filer *folgen/beschatten*
succéder *nachfolgen*
comprendre *verstehen/mitkommen*

 Aufgepasst!
Das Verb suivre hat im Singular im Indicatif présent und im Impératif einen kurzen Stamm:
Il **suit** un match de foot à la télévision. *Er **verfolgt** ein Fußballspiel im Fernsehen.*
Verwechseln Sie nicht die Verben suivre und être in der 1. Person Indicatif présent!
Je **suis** un régime. *Ich **mache** eine Diät.*
Je **suis** au régime. *Ich **bin** auf Diät.*

 Tipps & Tricks
Das Verb poursuivre *verfolgen* folgt dem gleichen Konjugationsmuster (▷ Alphabetische Verbliste).

3. Gruppe

65 vaincre *besiegen*

-c → -qu vor den Vokalen a, e, i, o

Indicatif

Présent
je	vaincs
tu	vaincs
il	vainc
nous	vainquons
vous	vainquez
ils	vainquent

Imparfait
je	vainquais
tu	vainquais
il	vainquait
nous	vainquions
vous	vainquiez
ils	vainquaient

Passé simple
je	vainquis
tu	vainquis
il	vainquit
nous	vainquîmes
vous	vainquîtes
ils	vainquirent

Futur simple
je	vaincrai
tu	vaincras
il	vaincra
nous	vaincrons
vous	vaincrez
ils	vaincront

Passé composé
j'	ai	vaincu
tu	as	vaincu
il	a	vaincu
nous	avons	vaincu
vous	avez	vaincu
ils	ont	vaincu

Plus-que-parfait
j'	avais	vaincu
tu	avais	vaincu
il	avait	vaincu
nous	avions	vaincu
vous	aviez	vaincu
ils	avaient	vaincu

Passé antérieur
j'	eus	vaincu
tu	eus	vaincu
il	eut	vaincu
nous	eûmes	vaincu
vous	eûtes	vaincu
ils	eurent	vaincu

Futur antérieur
j'	aurai	vaincu
tu	auras	vaincu
il	aura	vaincu
nous	aurons	vaincu
vous	aurez	vaincu
ils	auront	vaincu

Conditionnel

Présent
je	vaincrais
tu	vaincrais
il	vaincrait
nous	vaincrions
vous	vaincriez
ils	vaincraient

Passé
j'	aurais	vaincu
tu	aurais	vaincu
il	aurait	vaincu
nous	aurions	vaincu
vous	auriez	vaincu
ils	auraient	vaincu

Subjonctif

Présent
que je	vainque
que tu	vainques
qu' il	vainque
que nous	vainquions
que vous	vainquiez
qu' ils	vainquent

Imparfait
que je	vainquisse
que tu	vainquisses
qu' il	vainquît
que nous	vainquissions
que vous	vainquissiez
qu' ils	vainquissent

Passé
que j'	aie	vaincu
que tu	aies	vaincu
qu' il	ait	vaincu
que nous	ayons	vaincu
que vous	ayez	vaincu
qu' ils	aient	vaincu

Plus-que-parfait
que j'	eusse	vaincu
que tu	eusses	vaincu
qu' il	eût	vaincu
que nous	eussions	vaincu
que vous	eussiez	vaincu
qu' ils	eussent	vaincu

Participe

Présent
vainquant

Passé
vaincu(e)

Gérondif
en vainquant

Impératif
vaincs
vainquons
vainquez

Infinitif passé
avoir vaincu

vaincre *besiegen*

 Anwendungsbeispiele
Ils **ont vaincu** l'ennemi. *Sie* **haben** *den Feind* **besiegt**.
Ce pays **a été vaincu** à la dernière guerre. *Dieses Land* **wurde** *im letzten Krieg* **besiegt**.
C'est l'athlète italien qui **a vaincu au** 100 mètres. *Der italienische Wettkämpfer hat den 100-Meter-Lauf* **gewonnen**.

 Redewendungen
vaincre sa timidité *seine Schüchternheit überwinden*
vaincre la misère *die Armut beseitigen/besiegen*
vaincre des difficultés *Schwierigkeiten meistern*
vaincre sa mauvaise fortune *sein Unglück überwinden*

 Ähnliche Verben
battre *schlagen*   convaincre *überzeugen*
écraser *vernichten/niederschlagen*
triompher *besiegen*
dominer *beherrschen/überwinden*
surmonter *überwinden*
résoudre *lösen/beseitigen*

 Aufgepasst!
Das Verb vaincre hat keine Endung in der 3. Person Singular im Indicatif présent:
Il vain**c** tous les obstacles. *Er überwindet alle Hindernisse.*

Merken Sie sich die Form vainqu- vor den Vokalen a, e, i, o:
je **vainqu**ais *ich besiegte*
elle **vainqu**it *sie besiegte*
nous **vainqu**ons *wir besiegen*
Dies gilt aber nicht für das Participe passé auf -u: vaincu.

 Tipps & Tricks
Das Verb convaincre *überzeugen* hat das gleiche Konjugationsmuster (▷ Alphabetische Verbliste).

165

3. Gruppe

66 valoir *wert sein*

Indicatif

Présent
je	vaux
tu	vaux
il	vaut
nous	valons
vous	valez
ils	valent

Imparfait
je	valais
tu	valais
il	valait
nous	valions
vous	valiez
ils	valaient

Passé simple
je	valus
tu	valus
il	valut
nous	valûmes
vous	valûtes
ils	valurent

Futur simple
je	vaudrai
tu	vaudras
il	vaudra
nous	vaudrons
vous	vaudrez
ils	vaudront

Passé composé
j'	ai	valu
tu	as	valu
il	a	valu
nous	avons	valu
vous	avez	valu
ils	ont	valu

Plus-que-parfait
j'	avais	valu
tu	avais	valu
il	avait	valu
nous	avions	valu
vous	aviez	valu
ils	avaient	valu

Passé antérieur
j'	eus	valu
tu	eus	valu
il	eut	valu
nous	eûmes	valu
vous	eûtes	valu
ils	eurent	valu

Futur antérieur
j'	aurai	valu
tu	auras	valu
il	aura	valu
nous	aurons	valu
vous	aurez	valu
ils	auront	valu

Subjonctif

Présent
que je	vaille
que tu	vailles
qu'il	vaille
que nous	valions
que vous	valiez
qu'ils	vaillent

Imparfait
que je	valusse
que tu	valusses
qu'il	valût
que nous	valussions
que vous	valussiez
qu'ils	valussent

Passé
que j'	aie	valu
que tu	aies	valu
qu'il	ait	valu
que nous	ayons	valu
que vous	ayez	valu
qu'ils	aient	valu

Plus-que-parfait
que j'	eusse	valu
que tu	eusses	valu
qu'il	eût	valu
que nous	eussions	valu
que vous	eussiez	valu
qu'ils	eussent	valu

Conditionnel

Présent
je	vaudrais
tu	vaudrais
il	vaudrait
nous	vaudrions
vous	vaudriez
ils	vaudraient

Passé
j'	aurais	valu
tu	aurais	valu
il	aurait	valu
nous	aurions	valu
vous	auriez	valu
ils	auraient	valu

Participe

Présent
valant

Passé
valu(e)

Gérondif
en valant

Impératif
vaux
valons
valez

Infinitif
passé
avoir valu

valoir *wert sein*

 Anwendungsbeispiele
Combien **vaut** ce collier ? *Wie viel **kostet** diese Halskette?*
Ce tableau **vaut** très cher. *Dieses Gemälde **ist** sehr viel **wert**.*
Cet appareil ne **vaut** pas grand chose. *Dieses Gerät **taugt** nichts.*
Cela n'en **vaut** pas la peine. *Es **ist** der Mühe nicht **wert**.*
Les lois **valent pour** tout le monde. *Die Gesetze **gelten für** alle.*
Rien ne **vaut** une bonne baguette ! *Es **geht** nichts über ein gutes Baguette!*
Cette ville **vaut** le voyage. *Diese Stadt **ist** eine Reise **wert**.*
Il **vaudrait mieux** vérifier si c'est vrai. *Es **wäre besser**, zu prüfen, ob das stimmt.*
Ces deux voitures **se valent**. *Diese zwei Autos **sind gleichwertig**.*

 Sprichwörter
Un tien **vaut** mieux que deux tu l'auras. *Lieber den Spatz in der Hand als die Taube auf dem Dach.*
Mieux **vaut** tenir que courir. *Es ist besser zu besitzen, als zu hoffen.*
Il **vaut** mieux prévenir que guérir. *Es ist besser zu agieren, als zu reagieren.*
Mieux **vaut** tard que jamais. *Besser spät als nie.*

 Ähnliche Verben
coûter *kosten*
équivaloir *entsprechen*
égaler *gleichkommen*

 Aufgepasst!
Beachten Sie die Endungen auf **-x** in der 1. und 2. Person Singular im Indicatif présent: je **vaux**, tu **vaux**.
Merken Sie sich ebenfalls die Stammänderungen **vaud-** im Futur simple und im Conditionnel présent sowie **vaill-** im Subjonctif présent:
Il **vaudrait** mieux rentrer. *Es **wäre besser**, nach Hause zu gehen.*
Crois-tu que cela **vaille** le coup ? *Glaubst du, dass es **sich lohnt**?*

Tipps & Tricks
Das Verb équivaloir *entsprechen* wird ebenfalls nach diesem Konjugationsmuster konjugiert (▶ Alphabetische Verbliste). Jedoch ist sein Participe passé unveränderlich: équivalu.

3. Gruppe

 venir *kommen*   Vollverb und Modalverb

Indicatif

Présent
je	viens
tu	viens
il	vient
nous	venons
vous	venez
ils	viennent

Imparfait
je	venais
tu	venais
il	venait
nous	venions
vous	veniez
ils	venaient

Passé simple
je	vins
tu	vins
il	vint
nous	vînmes
vous	vîntes
ils	vinrent

Futur simple
je	viendrai
tu	viendras
il	viendra
nous	viendrons
vous	viendrez
ils	viendront

Passé composé
je	suis	venu
tu	es	venu
il	est	venu
nous	sommes	venus
vous	êtes	venus
ils	sont	venus

Plus-que-parfait
j'	étais	venu
tu	étais	venu
il	était	venu
nous	étions	venus
vous	étiez	venus
ils	étaient	venus

Passé antérieur
je	fus	venu
tu	fus	venu
il	fut	venu
nous	fûmes	venus
vous	fûtes	venus
ils	furent	venus

Futur antérieur
je	serai	venu
tu	seras	venu
il	sera	venu
nous	serons	venus
vous	serez	venus
ils	seront	venus

Conditionnel

Présent
je	viendrais
tu	viendrais
il	viendrait
nous	viendrions
vous	viendriez
ils	viendraient

Passé
je	serais	venu
tu	serais	venu
il	serait	venu
nous	serions	venus
vous	seriez	venus
ils	seraient	venus

Subjonctif

Présent
que je	vienne
que tu	viennes
qu'il	vienne
que nous	venions
que vous	veniez
qu'ils	viennent

Imparfait
que je	vinsse
que tu	vinsses
qu'il	vînt
que nous	vinssions
que vous	vinssiez
qu'ils	vinssent

Passé
que je	sois	venu
que tu	sois	venu
qu'il	soit	venu
que nous	soyons	venus
que vous	soyez	venus
qu'ils	soient	venus

Plus-que-parfait
que je	fusse	venu
que tu	fusses	venu
qu'il	fût	venu
que nous	fussions	venus
que vous	fussiez	venus
qu'ils	fussent	venus

Participe

Présent
venant

Passé
venu(e)

Gérondif
en venant

Impératif
viens
venons
venez

Infinitif
passé
être venu

venir *kommen*

 Anwendungsbeispiele

Nous **sommes venus par** le train. *Wir sind mit dem Zug gekommen.*
Tu **viens chez** moi ? *Kommst du zu mir?*
Les nuages **viennent de** l'ouest. *Die Wolken kommen aus dem Westen.*
Je **viens** juste **de** lui téléphoner. *Ich habe ihn gerade angerufen.*
Cette maison me **vient de** ma mère. *Ich habe dieses Haus von meiner Mutter geerbt.*
Une idée m'**est venue à** l'esprit. *Mir ist eine Idee gekommen.*
Où voulez-vous **en venir** ? *Was beabsichtigen Sie?*

 Redewendungen

venir à pied/à vélo *zu Fuß/mit dem Fahrrad kommen*
venir en voiture/en avion/en train *mit dem Auto/mit dem Flugzeug/mit dem Zug kommen/fahren*
venir à point *gerade rechtzeitig kommen*
venir au monde *zur Welt kommen*
faire venir qn. *jdn. kommen lassen*

 Ähnliche Verben

aller *gehen*
arriver *ankommen*
se déplacer *sich bewegen/fahren*
apparaître *erscheinen*

devenir *werden*
revenir *wiederkommen*
prévenir *warnen*
survenir *auftauchen/geschehen*
subvenir *für etw. aufkommen*

 Gebrauch

Das Verb venir wird in den zusammengesetzten Zeiten mit dem Hilfsverb être konjugiert: nous **sommes venus** *wir sind gekommen*.
Mit **venir** juste de + Infinitiv wird die unmittelbare Vergangenheit (Passé récent) ausgedrückt:
Elle **vient juste de** fermer la porte. *Sie hat gerade die Tür zugemacht.*

 Tipps & Tricks

Die abgeleiteten Verben von venir werden genauso konjugiert (▷ Alphabetische Verbliste). Achtung: prévenir *warnen* und subvenir *für etw. aufkommen* werden in den zusammengesetzten Zeiten mit avoir gebildet!

3. Gruppe

 vivre *leben*

Indicatif

Présent
je	vis
tu	vis
il	vit
nous	vivons
vous	vivez
ils	vivent

Passé composé
j'	ai	vécu
tu	as	vécu
il	a	vécu
nous	avons	vécu
vous	avez	vécu
ils	ont	vécu

Imparfait
je	vivais
tu	vivais
il	vivait
nous	vivions
vous	viviez
ils	vivaient

Plus-que-parfait
j'	avais	vécu
tu	avais	vécu
il	avait	vécu
nous	avions	vécu
vous	aviez	vécu
ils	avaient	vécu

Passé simple
je	vécus
tu	vécus
il	vécut
nous	vécûmes
vous	vécûtes
ils	vécurent

Passé antérieur
j'	eus	vécu
tu	eus	vécu
il	eut	vécu
nous	eûmes	vécu
vous	eûtes	vécu
ils	eurent	vécu

Futur simple
je	vivrai
tu	vivras
il	vivra
nous	vivrons
vous	vivrez
ils	vivront

Futur antérieur
j'	aurai	vécu
tu	auras	vécu
il	aura	vécu
nous	aurons	vécu
vous	aurez	vécu
ils	auront	vécu

Subjonctif

Présent
que je	vive
que tu	vives
qu'il	vive
que nous	vivions
que vous	viviez
qu'ils	vivent

Imparfait
que je	vécusse
que tu	vécusses
qu'il	vécût
que nous	vécussions
que vous	vécussiez
qu'ils	vécussent

Passé
que j'	aie	vécu
que tu	aies	vécu
qu'il	ait	vécu
que nous	ayons	vécu
que vous	ayez	vécu
qu'ils	aient	vécu

Plus-que-parfait
que j'	eusse	vécu
que tu	eusses	vécu
qu'il	eût	vécu
que nous	eussions	vécu
que vous	eussiez	vécu
qu'ils	eussent	vécu

Conditionnel

Présent
je	vivrais
tu	vivrais
il	vivrait
nous	vivrions
vous	vivriez
ils	vivraient

Passé
j'	aurais	vécu
tu	aurais	vécu
il	aurait	vécu
nous	aurions	vécu
vous	auriez	vécu
ils	auraient	vécu

Participe

Présent
vivant

Passé
vécu(e)

Gérondif
en vivant

Impératif
vis
vivons
vivez

Infinitif passé
avoir vécu

vivre *leben*

 Anwendungsbeispiele
Nous **vivons au** Brésil depuis cinq ans. *Wir leben seit fünf Jahren in Brasilien.*
Elle **vit chez** sa mère. *Sie lebt bei ihrer Mutter.*
Je **vis de** mon salaire. *Ich lebe von meinem Gehalt.*
Il ne **vit** plus. *Er findet keine Ruhe mehr./Er ist nicht mehr am Leben.*
Il **vit pour** son métier. *Er lebt für seinen Beruf.*
Vive la reine ! *Es lebe die Königin!*
Cet homme-là sait **vivre**. *Dieser Mann versteht es zu leben.*
Elle **a vécu** la deuxième guerre mondiale. *Sie hat den Zweiten Weltkrieg erlebt.*

 Redewendungen
être facile/difficile à vivre *ein pflegeleichter/schwieriger Mensch sein*
vivre seul *allein leben*
vivre dans l'angoisse *in Angst leben*
vivre d'amour et d'eau fraîche *nicht viel zum Leben haben*
vivre au jour le jour *von der Hand in den Mund leben*

 Andere Verben
mourir *sterben*
rendre l'âme *sterben*
disparaître *sterben/verschwinden*

 Aufgepasst!
Beachten Sie bitte die Stammänderungen bei vivre in verschiedenen Formen, wie beispielsweise bei **je vis** *ich lebe* oder **elle vécut** *sie lebte*.

Anders als mourir *sterben* und naître *geboren werden* bildet vivre die zusammengesetzten Zeiten mit avoir:
Ils **avaient vécu** à Paris. *Sie hatten in Paris gelebt.*

 Tipps & Tricks
Die Verben revivre *wieder leben* und survivre *überleben* folgen dem gleichen Konjugationsmuster (▶ Alphabetische Verbliste). Das Participe passé von survivre ist jedoch unveränderlich: survécu.

3. Gruppe

69 voir *sehen*

Indicatif
Présent
je	vois
tu	vois
il	voit
nous	voyons
vous	voyez
ils	voient

Imparfait
je	voyais
tu	voyais
il	voyait
nous	voyions
vous	voyiez
ils	voyaient

Passé simple
je	vis
tu	vis
il	vit
nous	vîmes
vous	vîtes
ils	virent

Futur simple
je	verrai
tu	verras
il	verra
nous	verrons
vous	verrez
ils	verront

Passé composé
j'	ai	vu
tu	as	vu
il	a	vu
nous	avons	vu
vous	avez	vu
ils	ont	vu

Plus-que-parfait
j'	avais	vu
tu	avais	vu
il	avait	vu
nous	avions	vu
vous	aviez	vu
ils	avaient	vu

Passé antérieur
j'	eus	vu
tu	eus	vu
il	eut	vu
nous	eûmes	vu
vous	eûtes	vu
ils	eurent	vu

Futur antérieur
j'	aurai	vu
tu	auras	vu
il	aura	vu
nous	aurons	vu
vous	aurez	vu
ils	auront	vu

Subjonctif
Présent
que je	voie
que tu	voies
qu'il	voie
que nous	voyions
que vous	voyiez
qu'ils	voient

Imparfait
que je	visse
que tu	visses
qu'il	vît
que nous	vissions
que vous	vissiez
qu'ils	vissent

Passé
que j'	aie	vu
que tu	aies	vu
qu'il	ait	vu
que nous	ayons	vu
que vous	ayez	vu
qu'ils	aient	vu

Plus-que-parfait
que j'	eusse	vu
que tu	eusses	vu
qu'il	eût	vu
que nous	eussions	vu
que vous	eussiez	vu
qu'ils	eussent	vu

Conditionnel
Présent
je	verrais
tu	verrais
il	verrait
nous	verrions
vous	verriez
ils	verraient

Passé
j'	aurais	vu
tu	aurais	vu
il	aurait	vu
nous	aurions	vu
vous	auriez	vu
ils	auraient	vu

Participe
Présent
voyant

Passé
vu(e)

Gérondif
en voyant

Impératif
vois
voyons
voyez

Infinitif passé
avoir vu

voir *sehen*

 Anwendungsbeispiele

J'**ai vu** un écureuil dans le jardin. *Ich habe ein Eichhörnchen im Garten gesehen.*
Nous aimerions bien **voir** ce film. *Wir würden gern diesen Film ansehen.*
On **verra** bien le résultat. *Wir werden schon sehen, was dabei herauskommt.*
A toi de **voir**. *Es liegt bei dir.*
Je ne le **vois** plus. *Ich habe mit ihm Schluss gemacht.*
Il s'**est vu** dans l'obligation de l'inviter. *Er sah sich dazu verpflichtet, sie einzuladen.*
Ils **se voient** souvent. *Sie sehen sich oft.*
Je l'**ai vu** hier. *Ich habe ihn gestern getroffen.*
Cela n'a rien à **voir avec** lui. *Das hat nichts mit ihm zu tun.*

 Witz

Un gendarme fait stopper un automobiliste et lui demande : « Vous n'**aviez** pas **vu** le feu rouge ? »
Ce dernier répond : « Si, c'est vous que je n'**avais** pas **vu** ! »

 Ähnliche Verben

apercevoir *flüchtig sehen*   revoir *wiedersehen*
distinguer *erkennen*   entrevoir *nur flüchtig sehen*
regarder *sehen/schauen*
fréquenter *befreundet sein*
observer *beobachten*
percevoir *wahrnehmen*

 Aufgepasst!

Merken Sie sich bitte die Stammänderung auf voy- in der 1. und 2. Person Plural im Indicatif présent und im Imparfait, wie beispielsweise bei nous **voy**ons *wir sehen* oder vous **voy**iez *Sie sahen*.
Im Futur simple und im Conditionnel présent verändert sich der Stamm zu ver-, z. B.: je **ver**rai *ich werde sehen* oder ils **ver**raient *sie würden sehen*.

 Tipps & Tricks

Die Verben entrevoir *flüchtig sehen* und revoir *wiedersehen* werden nach dem gleichen Konjugationsmuster konjugiert (▷ Alphabetische Verbliste).

3. Gruppe

vouloir *wollen*

Indicatif
Présent
je	veux
tu	veux
il	veut
nous	voulons
vous	voulez
ils	veulent

Imparfait
je	voulais
tu	voulais
il	voulait
nous	voulions
vous	vouliez
ils	voulaient

Passé simple
je	voulus
tu	voulus
il	voulut
nous	voulûmes
vous	voulûtes
ils	voulurent

Futur simple
je	voudrai
tu	voudras
il	voudra
nous	voudrons
vous	voudrez
ils	voudront

Passé composé
j'	ai	voulu
tu	as	voulu
il	a	voulu
nous	avons	voulu
vous	avez	voulu
ils	ont	voulu

Plus-que-parfait
j'	avais	voulu
tu	avais	voulu
il	avait	voulu
nous	avions	voulu
vous	aviez	voulu
ils	avaient	voulu

Passé antérieur
j'	eus	voulu
tu	eus	voulu
il	eut	voulu
nous	eûmes	voulu
vous	eûtes	voulu
ils	eurent	voulu

Futur antérieur
j'	aurai	voulu
tu	auras	voulu
il	aura	voulu
nous	aurons	voulu
vous	aurez	voulu
ils	auront	voulu

Subjonctif
Présent
que je	veuille
que tu	veuilles
qu' il	veuille
que nous	voulions
que vous	vouliez
qu' ils	veuillent

Imparfait
que je	voulusse
que tu	voulusses
qu' il	voulût
que nous	voulussions
que vous	voulussiez
qu' ils	voulussent

Passé
que j'	aie	voulu
que tu	aies	voulu
qu' il	ait	voulu
que nous	ayons	voulu
que vous	ayez	voulu
qu' ils	aient	voulu

Plus-que-parfait
que j'	eusse	voulu
que tu	eusses	voulu
qu' il	eût	voulu
que nous	eussions	voulu
que vous	eussiez	voulu
qu' ils	eussent	voulu

Conditionnel
Présent
je	voudrais
tu	voudrais
il	voudrait
nous	voudrions
vous	voudriez
ils	voudraient

Passé
j'	aurais	voulu
tu	aurais	voulu
il	aurait	voulu
nous	aurions	voulu
vous	auriez	voulu
ils	auraient	voulu

Participe
Présent
voulant

Passé
voulu(e)

Gérondif
en voulant

Impératif
veux/veuille
voulons/veuillons
voulez/veuillez

Infinitif
passé
avoir voulu

vouloir wollen

 Anwendungsbeispiele
Elle **veut bien** te rendre service. *Sie* **tut** *dir* **gern** *einen Gefallen.*
Il **voudrait** un verre d'eau. *Er möchte ein Glas Wasser.*
Je te l'achète, si tu **veux**. *Ich kaufe es dir, wenn du* **willst**.
Il **veut** que nous partions tout de suite. *Er will, dass wir sofort gehen.*
Comment **veux**-tu que je le sache ? *Woher* **soll** *ich das wissen?*
Veuillez signer ici, s'il vous plaît. *Bitte unterschreiben Sie hier.*
Je **m'en veux** beaucoup. *Es tut mir so leid.*
Elle **en veut**. *Sie ist ehrgeizig.*
Elle m'**en veut**. *Sie nimmt es mir übel.*

 Sprichwörter
Vouloir, c'est pouvoir. *Wo ein Wille ist, ist ein Weg.*
Vouloir le beurre et l'argent du beurre. *Man kann nicht alles haben.*
A **vouloir** trop courir on trébuche. *Wenn man zu viel will, erreicht man nichts.*

 Ähnliche Verben
désirer *wünschen*
ordonner *befehlen*
exiger *verlangen*
demander *fragen/bitten*

 Gebrauch
Im Impératif gibt es zwei Formen. Die Formen veuille/veuillons/veuillez werden zum Ausdruck der Höflichkeit verwendet:
Veuillez trouver ci-joint … *Anbei erhalten Sie …*

Merken Sie sich bitte, dass vouloir que den Subjonctif nach sich zieht:
Je **veux/voudrais que** vous **veniez**. *Ich will, dass Sie* **kommen**.
Elle **veut qu'**il **fasse** ses devoirs. *Sie möchte, dass er seine Hausaufgaben macht.*

Verbes avec prépositions

Verben mit Präposition

Eine Reihe französischer Verben wird mit einer bestimmten Präposition benutzt. Es handelt sich in den meisten Fällen um die Präpositionen à oder de. Einige Verben ziehen immer dieselbe Präposition nach sich, andere werden hingegen in Verbindung mit verschiedenen Präpositionen verwendet. Im Folgenden haben wir für Sie die geläufigsten französischen Verben mit Präposition aufgelistet.

▶ aller **à** (un endroit) ....
gehen zu (Ort)

Je vais à la boulangerie.
Ich gehe zur Bäckerei.

aller **en** qc. ....
mit etw. fahren

Je vais travailler en train.
Ich fahre mit dem Zug in die Arbeit.

appartenir **à** qn./qc. ....
zu jdm./etw. gehören

Ce jouet appartient à Paul.
Dieses Spielzeug gehört Paul.

arrêter **de** faire qc. ....
aufhören, etw. zu tun

Quand vas-tu arrêter de fumer ?
Wann wirst du aufhören zu rauchen?

assister **à** qc. ....
bei etw. dabei sein

Nous avons assisté au défilé du 14 juillet.
Wir waren bei der Parade zum 14. Juli dabei.

▶ changer **de** qc. ....
etw. ändern/wechseln

Il a changé de travail.
Er hat seine Arbeit gewechselt.

commencer **à/de** faire qc. ....
anfangen, etw. zu tun

Je commence à faire mes valises.
Ich fange an, meine Koffer zu packen.

commencer **par** qc. ....
mit etw. beginnen

Nous avons commencé par un apéritif.
Wir haben mit einem Aperitif begonnen.

compter **sur** qn./qc. ....
sich auf jdn./etw. verlassen

Je compte sur toi.
Ich verlasse mich auf dich.

se consacrer **à** qc. ....
sich etw. widmen

Elle se consacre aux enfants.
Sie widmet sich den Kindern.

contribuer **à** qc. ....
beitragen zu etw.

Vous contribuez au succès de l'entreprise.
Sie tragen zum Erfolg des Unternehmens bei.

convenir **de** faire qc. ....
vereinbaren, etw. zu tun

Ils ont convenu de réduire les frais.
Sie haben vereinbart, die Kosten zu senken.

croire **à/en** qc. ....
an etw. glauben

La police croit à/en son innocence.
Die Polizei glaubt an seine Unschuld.

176

Verben mit Präposition

croire **en** qn. ....
an jdn. glauben
Elle croit en Dieu.
Sie glaubt an Gott.

▸ demander **à** qn. ....
jdn. fragen
Demande à tes parents.
Frag deine Eltern.

dépendre **de** qn./qc. ....
von jdm./etw. abhängen
Sa décision dépend de toi.
Seine Entscheidung hängt von dir ab.

discuter **de** qc. ....
über etw. sprechen
De quoi avez-vous discuté ?
Worüber habt ihr gesprochen?

douter **de** qn./qc. ....
an jdm./etw. zweifeln
Elle doute de son talent.
Sie zweifelt an ihrer Begabung.

▸ écrire **à** qn. ....
jdm. schreiben
Il faut écrire à ton père !
Du musst deinem Vater schreiben!

s'enquérir **de** qc. ....
sich nach etw. erkundigen
Il s'est enquis de ta santé.
Er hat sich nach deiner Gesundheit erkundigt.

expliquer qc. **à** qn. ....
jdm. etw. erklären
Explique-lui comment faire.
Erkläre ihm, wie man das macht.

▸ habiter **à/en** (un endroit) ....
wohnen in (Ort)
Ma sœur habite à Rennes en Bretagne.
Meine Schwester wohnt in Rennes in der Bretagne.

▸ insister **sur** qc. ....
auf etw. bestehen
J'insiste sur ce point.
Ich bestehe auf diesen Punkt.

▸ jouer **à** qc. ....
etw. spielen
Nous jouons aux échecs.
Wir spielen Schach.

jouer **de** qc.
etw. spielen (Musikinstrument)
Elle joue de la flûte.
Sie spielt Flöte.

▸ manquer **de** qc. ....
etw. nicht (genügend) haben
Cette pièce manque de lumière.
Dieser Raum hat nicht genügend Licht.

▸ offrir qc. **à** qn. ....
jdm. etw. schenken
Il a offert des fleurs à sa femme.
Er hat seiner Frau Blumen geschenkt.

▸ parler **à** qn. ....
jdn./mit jdm. sprechen
Parle-lui !
Sprich mit ihm!

parler **de** qn./qc. ....
über jdn./etw sprechen
Ils ont parlé de politique.
Sie haben über Politik gesprochen.

Verben mit Präposition

participer **à** qc. ....
an etw. teilnehmen

Il participe au spectacle.
Er nimmt an der Aufführung teil.

penser **à** qn./qc. ....
an jdn./etw. denken

Je pense à toi.
Ich denke an dich.

se plaindre **auprès de** qn. ....
sich bei jdm. beschweren

Je vais me plaindre auprès du consulat.
Ich werde mich beim Konsulat beschweren.

prêter qc. **à** qn. ....
jdm. etw. leihen

Tu prêtes ton livre à Isabelle ?
Leihst du Isabelle dein Buch?

provenir **de** qn./qc. ....
kommen aus/von (Ort)

Cette statue provient d'Inde.
Diese Statue kommt aus Indien.

▸ raconter qc. **à** qn. ....
jdm. etw. erzählen

Elle aime raconter des histoires aux enfants.
Sie erzählt den Kindern gerne Geschichten.

recourir **à** qc. ....
auf etw. zurückgreifen

Les manifestants ont recouru à la violence.
*Die Demonstranten haben auf Gewalt zurück-
gegriffen.*

renoncer **à** qn./qc. ....
auf jdn./etw. verzichten

Il a renoncé à ses vacances.
Er hat auf den Urlaub verzichtet.

réussir **à** faire qc. ....
gelingen, etw. zu tun

Ils ont réussi à ouvrir la porte.
Es ist ihnen gelungen, die Tür zu öffnen.

rêver **de** qc. ....
von etw. träumen

J'ai rêvé de la mer.
Ich habe vom Meer geträumt.

▸ servir **à** qc ....
zu etw. dienen

A quoi ça sert ?
Wozu dient das?

s'intéresser **à** qn./qc. ....
sich für jdn./etw. interessieren

Je m'intéresse à la peinture.
Ich interessiere mich für die Malerei.

s'occuper **de** qn./qc. ....
sich um jdn./etw. kümmern

Il s'occupe du jardin.
Er kümmert sich um den Garten.

souffrir **de** qc. ....
an etw. leiden

De quoi souffrez-vous ?
An was leiden Sie?

se souvenir **de** qc./qn. ....
sich an etw./jdn. erinnern

Tu ne te souviens pas de moi ?
Erinnerst du dich nicht an mich?

▸ téléphoner **à** qn. ....
jdn. anrufen

Il a téléphoné au directeur
Er hat den Direktor angerufen.

Liste alphabétique

Alphabetische Verbliste Französisch – Deutsch

Hier haben wir für Sie die wichtigsten französischen Verben mit ihren entsprechenden deutschen Übersetzungen alphabetisch aufgelistet. Die rechts angeführten Nummern stellen Konjugationsnummern dar. Auf den Seiten der einzelnen Konjugationstabellen finden Sie diese Nummern wieder. Jene Verben, die hier im Folgenden den jeweiligen Konjugationsnummern zugewiesen sind, werden nach genau diesem Muster konjugiert. Falls der Gebrauch des Hilfsverbs vom Konjugationsmuster abweicht, ist dies wie folgt gekennzeichnet: (+ a) für den Gebrauch von avoir *haben*, (+ ê) für den Gebrauch von être *sein* oder (+ a/ê), wenn das Verb mit beiden Hilfsverben verwendet werden kann. Alle reflexiven Verben werden mit être *sein* konjugiert und erhalten keinen Hinweis auf das Hilfsverb. Manchen Verben sind auch zwei Konjugationsnummern zugeteilt. Die hervorgehobenen Verben sind als vollständige Konjugationstabellen, also als Muster, vorne im Buch abgedruckt.

A

abattre *fällen/töten* (17)
abolir *abschaffen* (6)
aboutir *führen (zu)* (6)
aboyer *bellen* (32)
abroger *aufheben* (44)
absoudre *vergeben* (60)
s'abstenir *verzichten* (67)
abstraire *abstrahieren* (35)
abuser *misstrauen* (5)
accéder *gelangen* (55)
accélérer *beschleunigen* (55)
accomplir *ausführen* (6)
accourir (+ a/ê) *angelaufen kommen* (7)
accroître *zunehmen* (26)
s'accroupir *in die Hocke gehen* (6)
accueillir *empfangen* (27)
acheter *kaufen* (10)
achever *vollenden* (10)
acquérir *erwerben* (11)
adjoindre *hinzufügen* (42)
admettre *einsehen* (45)
aérer *lüften* (55)

affermir *befestigen* (6)
afficher *aufhängen* (5)
affirmer *behaupten* (5)
affranchir *befreien* (6)
s'agenouiller *knien* (5)
agir *handeln* (6)
agiter *schütteln* (5)
agréer *bewilligen* (24)
aider *helfen* (5)
aimer *lieben/mögen* (5)
ajouter *hinzufügen* (5)
aller *gehen* (12)
allumer *einschalten* (5)
altérer *verändern* (55)
amener *mitbringen* (10)
amonceler *aufhäufen* (13)
amuser *amüsieren* (5)
anéantir *zerstören* (6)
animer *beleben* (5)
annoncer *ankündigen* (19)
apercevoir *bemerken* (58)
aplatir *flach machen* (6)
apparaître (+ ê) *erscheinen* (49)
appartenir (+ a) *gehören* (67)

appeler *rufen* (13)
applaudir *Beifall klatschen* (6)
appliquer *anwenden* (5)
apprendre *lernen* (56)
approcher *näherkommen* (5)
approuver *zustimmen* (5)
appuyer *drücken* (34)
armer *bewaffnen* (5)
arracher *abreißen* (5)
arranger *einrichten* (44)
arrêter *aufhören* (5)
arriver *ankommen* (5)
arroser *gießen* (5)
assaillir *angreifen* (14)
assassiner *ermorden* (5)
assembler *zusammenstellen* (5)
s'asseoir *sich hinsetzen* (3)
asservir *unterdrücken* (6)
s'assoupir *eindösen* (6)
assurer *versichern* (5)
astreindre *zwingen* (15)
attacher *befestigen* (5)
attaquer *angreifen* (5)

179

Alphabetische Verbliste

atteindre erreichen (15)
atteler anspannen (13)
attendre warten (16)
atterrir landen (6)
attirer anziehen (5)
attraper fangen (5)
avancer vorstellen (19)
avertir warnen (6)
avoir haben (1)
avouer zugeben (5)

B

baigner baden (5)
bailler gähnen (5)
baisser senken (5)
balancer schaukeln (19)
balayer kehren (51)
barrer streichen (5)
bâtir bauen (6)
battre schlagen (17)
bavarder schwätzen (5)
bégayer stottern (51)
bénir segnen (6)
bercer wiegen (19)
blesser verletzen (5)
boire trinken (18)
bondir aufspringen (6)
boucher stopfen (5)
bouder schmollen (5)
bouger bewegen (44)
bouleverser tief bewegen (5)
braire iahen (35)
briller glänzen (5)
broder sticken (5)
brosser bürsten (5)
brûler verbrennen (5)

C

cacher verstecken (5)
cacheter versiegeln (41)
calculer rechnen (5)
calmer beruhigen (5)

caqueter gackern (41)
caresser streicheln (5)
casser brechen (5)
céder nachgeben (55)
ceindre umschnallen (15)
célébrer feiern (55)
celer verheimlichen (10)
chanceler schwanken/
   wanken (13)
changer ändern (44)
charger laden (44)
chasser jagen (5)
chatoyer schimmern (32)
chauffer heizen (5)
chercher suchen (5)
choisir wählen (6)
choyer verwöhnen (32)
circoncire beschneiden (63)
circonscrire abgrenzen (31)
ciseler ziselieren (10)
citer erwähnen (5)
coiffer frisieren (5)
coincer verklemmen (19)
coller kleben (5)
combattre bekämpfen (17)
commander bestellen/
   befehlen (5)
commencer beginnen (19)
commettre begehen (45)
comparaître erscheinen (49)
comparer vergleichen (5)
se complaire Gefallen
   finden (52)
compléter ergänzen (55)
comprendre verstehen (56)
compromettre gefähr-
   den/schaden (45)
compter zählen (5)
concevoir planen (58)
conclure abschließen (20)
concourir beitragen (7)

condamner beurteilen (5)
conférer verleihen (55)
confirmer bestätigen (5)
connaître kennen (49)
conquérir erobern (11)
consacrer widmen (5)
conseiller beraten (5)
consentir (+ a)
   zustimmen (50)
considérer betrachten (55)
construire bauen (21)
contenir (+ a) enthalten (67)
continuer weitermachen (5)
contraindre zwingen (23)
contredire wider-
   sprechen (29)
contrefaire fälschen (36)
convaincre überzeugen (65)
convenir (+ a) verein-
   baren (67)
converger zusammen-
   laufen (44)
correspondre überein-
   stimmen (16)/(59)
corrompre bestechen (8)
se coucher ins Bett
   gehen (5)
coudre nähen (22)
couler fließen (5)
courir laufen (7)
coûter kosten (5)
couvrir decken (48)
craindre fürchten (23)
créer schaffen (24)
creuser graben (5)
crocheter häkeln (10)
croire glauben (25)
croiser kreuzen (5)
croître wachsen (26)
cueillir pflücken (27)
cuire kochen (21)

180

Alphabetische Verbliste

D

danser *tanzen* (5)
débattre *diskutieren* (17)
déblayer *freilegen* (51)
déceler *enthüllen* (10)
décevoir *enttäuschen* (58)
déchiqueter *zerfetzen* (41)
déchirer *zerreißen* (5)
décider *entscheiden* (5)
découdre *abtrennen* (22)
découper *zerschneiden* (5)
décourager *entmutigen* (44)
découvrir *entdecken* (48)
décrire *beschreiben* (31)
décroître *abnehmen* (26)
dédommager *entschädigen* (44)
déduire *folgern/ abziehen* (21)
défaillir *ohnmächtig werden* (14)
défaire *auf-/abmachen* (36)
défendre *verteidigen* (16)/(59)
définir *definieren* (6)
dégeler *auftauen* (10)
dégénérer *degenerieren* (55)
déjeuner *zu Mittag essen* (5)
délayer *verdünnen* (51)
déléguer *delegieren* (55)
demander *fragen* (5)
déménager *umziehen* (44)
démordre *beharren* (16)/(59)
dénoncer *anzeigen* (19)
dépeindre *beschreiben* (15)
dépendre *abhängen* (16)/(59)
dépenser *ausgeben* (5)
déplaire *missfallen* (52)
déployer *ausbreiten/ verwenden* (32)
déposséder *enteignen* (55)
déranger *stören* (44)

descendre (+ a/ê) *heruntergehen* (16)/(59)
déshabiller *ausziehen* (5)
désobéir *nicht gehorchen* (6)
desservir *abräumen* (62)
dessiner *zeichnen* (5)
déteindre *entfärben* (15)
détendre *entspannen* (16)/(59)
détenir (+ a) *besitzen* (67)
détester *hassen* (5)
détruire *zerstören* (21)
devancer *vorausgehen* (19)
devenir *werden* (67)
devoir *müssen* (28)
dîner *zu Abend essen* (5)
dire *sagen* (29)
discourir *eine lange Rede halten* (7)
discuter *besprechen* (5)
disjoindre *auseinander- nehmen* (42)
disparaître (+ a/ê) *verschwinden* (49)
dissoudre *auflösen* (60)
distraire *unterhalten* (35)
diverger *abweichen* (44)
donner *geben* (5)
dormir *schlafen* (30)
durcir *hart machen* (6)
durer *dauern* (5)

E

s'ébattre *herumtollen* (17)
écarteler *vierteilen* (10)
éclaircir *aufhellen* (6)
écouter *zuhören* (5)
écrémer *entrahmen* (55)
écrire *schreiben* (31)
effrayer *erschrecken* (51)
égoutter *abtropfen* (5)

élancer *stechen* (19)
élever *erziehen/errichten* (10)
élire *wählen* (43)
embrasser *küssen* (5)
émettre *ausstrahlen* (45)
emmener *mitnehmen* (10)
empêcher *verhindern* (5)
employer *beschäftigen/ verwenden* (32)
emporter *mitnehmen* (5)
empreindre *einprägen* (15)
encourager *ermutigen* (44)
encourir *sich aussetzen* (7)
endormir *einschlafen* (30)
enduire *bestreichen* (21)
énerver *nerven* (5)
enfermer *einsperren* (5)
enfreindre *verstoßen* (15)
s'enfuir *fliehen* (39)
enjoindre *befehlen* (42)
enlever *entfernen* (10)
ennuyer *langweilen* (34)
s'enquérir *sich erkundigen* (11)
s'enrichir *reich werden* (6)
ensevelir *begraben* (6)
ensorceler *verzaubern* (13)
entendre *hören* (16)/(59)
enterrer *beerdigen* (5)
entreprendre *unter- nehmen* (56)
entrer (+ a/ê) *eintreten* (5)
entretenir (+ a) *unter- halten* (67)
entrevoir *flüchtig sehen* (69)
entrouvrir *einen Spalt aufmachen* (48)
énumérer *aufzählen* (55)
envahir *überfallen* (6)
envoyer *senden* (33)
s'épanouir *sich entfalten* (6)

181

Alphabetische Verbliste

épeler *buchstabieren* (13)
épouser *heiraten* (5)
épousseter *abstauben* (41)
s'éprendre *sich verlieben* (56)
équivaloir *entsprechen* (66)
espérer *hoffen* (55)
essayer *versuchen* (51)
essuyer *trocknen* (34)
étayer *stützen* (51)
éteindre *ausschalten* (15)
étendre *ausstrecken* (16)/(59)
éternuer *niesen* (5)
étinceler *funkeln* (13)
étonner *erstaunen* (5)
être *sein* (2)
être présenté
   vorgestellt werden (4)
étreindre *umarmen* (15)
s'évanouir *ohnmächtig*
   werden (6)
évincer *ausschließen* (19)
excéder *überschreiten* (55)
exclure *ausschließen* (20)
excuser *entschuldigen* (5)
exiger *fordern* (44)
exister *leben* (5)
exonérer *befreien (Steuer)* (55)
explorer *erkunden* (5)
exploser *explodieren* (5)
exporter *exportieren* (5)
expulser *abschieben* (5)
extraire *herausholen/*
   gewinnen (35)

F

fabriquer *bauen* (5)
faiblir *schwächer werden* (6)
faillir *beinahe tun* (37)
faire *tun/machen* (36)
falloir *nötig sein* (38)
farcir *füllen* (6)

feindre *heucheln/*
   so tun als ob (15)
fermer *schließen* (5)
feuilleter *durchblättern* (41)
ficeler *zuschnüren* (13)
figer *erstarren* (44)
fileter *mit Gewinde*
   versehen (10)
financer *finanzieren* (19)
finir *beenden* (6)
foncer *rasen* (19)
fonder *gründen* (5)
fondre *schmelzen* (16)/(59)
forcer *zwingen* (19)
foudroyer *vom Blitz*
   treffen (32)
fournir *liefern* (6)
frapper *schlagen/klopfen* (5)
frayer *bahnen* (51)
frire *braten* (63)
fuir *fliehen* (39)
fureter *herumschnüffeln* (10)

G

gagner *gewinnen* (5)
garder *behalten* (5)
geindre *stöhnen* (15)
geler *frieren* (10)
gonfler *aufblasen* (5)
goûter *probieren* (5)
grandir *größer werden* (6)
gratter *kratzen* (5)
gravir *klettern* (6)
grillager *vergittern* (44)
grommeler *murren* (13)
gronder *schimpfen* (5)
grossir *zunehmen* (6)
guider *führen* (5)

H

habiller *anziehen* (5)
habiter *wohnen* (5)

haïr *hassen* (40)
haleter *schnaufen* (10)
héberger *beherbergen* (44)
hurler *schreien* (5)

I

imaginer *sich vorstellen* (5)
imiter *nachahmen* (5)
imposer *durchsetzen* (5)
imprimer *drucken* (5)
incinérer *verbrennen* (55)
incliner *beugen* (5)
inclure *einschließen* (20)
inculper *beschuldigen* (5)
indemniser *entschädigen* (5)
indiquer *angeben* (5)
induire *treiben (zu)* (21)
influencer *beeinflussen* (19)
inhaler *einatmen* (5)
initier *vertraut machen* (5)
inscrire *anmelden* (31)
installer *einrichten* (5)
instaurer *einführen* (5)
instruire *unterrichten* (21)
insulter *beschimpfen* (5)
intégrer *integrieren* (55)
interdire *verbieten* (29)
intéresser *interessieren* (5)
interroger *befragen* (44)
interrompre *unterbrechen* (8)
intervenir *eingreifen* (67)
introduire *einführen/*
   einleiten (21)
inviter *einladen* (5)

J

jeter *werfen* (41)
jeûner *fasten* (5)
joindre *verbinden* (42)
jouer *spielen* (5)
jouir *genießen* (6)
jumeler *zusammenfügen* (13)

182

Alphabetische Verbliste

K

klaxonner *hupen* (5)

L

laisser *lassen* (5)
lancer *werfen* (19)
laver *waschen* (5)
lever *heben* (10)
libérer *befreien* (55)
lire *lesen* (43)
livrer *liefern* (5)
loger *wohnen/unter-*
  bringen (44)
loucher *schielen* (5)
luire *leuchten* (21)
lutter *kämpfen* (5)

M

maigrir *abnehmen* (6)
maintenir (+ a)
  aufrechterhalten (67)
manger *essen* (44)
marcher *laufen* (5)
se marier *heiraten* (5)
marteler *hämmern* (10)
maugréer *schimpfen* (24)
méconnaître
  verkennen (49)
médire *lästern* (29)
mélanger *mischen* (44)
mêler *mischen* (5)
mener *führen* (10)
mentir (+ a) *lügen* (50)
se méprendre *sich*
  täuschen (56)
mériter *verdienen* (5)
mesurer *messen* (5)
mettre *legen/setzen/*
  stellen (45)
modeler *modellieren* (10)
moderniser
  modernisieren (5)

monter (+ a/ê) *hinauf-*
  steigen (5)
montrer *zeigen* (5)
mordre *beißen* (16)/(59)
mourir *sterben* (46)
mousser *schäumen* (5)
mugir *muhen* (6)

N

nager *schwimmen* (44)
naître *geboren werden* (47)
neiger *schneien* (44)
nettoyer *reinigen* (32)
niveler *einebnen* (13)
nommer *nennen* (5)
noter *notieren* (5)
nouer *knoten* (5)
nourrir *ernähren* (6)
nuire *schaden* (21)

O

obéir *gehorchen* (6)
obliger *zwingen* (44)
obtenir (+ a) *erhalten* (67)
octroyer *gewähren* (32)
offrir *schenken* (48)
omettre *unterlassen* (45)
opérer *operieren* (55)
opposer *gegenüber-*
  legen/-setzen (5)
oppresser *bedrücken* (5)
ordonner *befehlen* (5)
organiser *organisieren* (5)
oser *wagen* (5)
ouvrir *öffnen* (48)

P

paraître *scheinen* (49)
parcourir *durchlaufen* (7)
parfumer *parfümieren* (5)
parler *sprechen* (5)
partager *teilen* (44)

participer *teilnehmen* (5)
partir *weggehen* (50)
parvenir *gelangen* (67)
passer (+ a/ê) *vorbei-*
  gehen (5)
patienter *gedulden* (5)
payer *bezahlen* (51)
pêcher *fischen* (5)
pédaler *radeln* (5)
peindre *malen* (15)
peler *schälen* (10)
pencher *neigen* (5)
pendre *hängen* (16)/(59)
pénétrer *eindringen* (55)
penser *denken* (5)
percevoir *wahrnehmen* (58)
perdre *verlieren* (16)/(59)
permettre *erlauben* (45)
persévérer *beharren* (55)
persuader *überzeugen* (5)
perturber *durcheinander-*
  bringen (5)
peser *wiegen* (10)
piger *kapieren* (44)
pincer *kneifen* (19)
placer *stellen* (19)
plaindre *bedauern* (23)
plaire *gefallen* (52)
planter *pflanzen* (5)
pleuvoir *regnen* (53)
poindre *sprießen/*
  anbrechen (42)
polluer *verschmutzen* (5)
pondre *legen (Eier)* (16)/(59)
porter *tragen* (5)
poster *zur Post bringen* (5)
poursuivre *verfolgen* (64)
pousser *schieben* (5)
pouvoir *können* (54)
prédire *vorhersagen* (29)
préférer *vorziehen* (55)

183

Alphabetische Verbliste

prendre nehmen (56)
préparer vorbereiten (5)
présager vorhersehen (44)
prescrire verschreiben (31)
pressentir (+ a) ahnen (50)
prévenir (+ a) warnen (67)
prévoir vorhersehen (57)
procréer zeugen (24)
produire erzeugen/
   herstellen (21)
projeter vorhaben (41)
se promener spazieren
   gehen (10)
promettre versprechen (45)
prononcer aussprechen (19)
proscrire verbieten (31)
provenir kommen (aus) (67)
puer stinken (5)
punir strafen (6)

Q
questionner Fragen
   stellen (5)
quitter verlassen (5)

R
rabattre herunterklappen (17)
raccorder verbinden (5)
racheter zurückkaufen (10)
raconter erzählen (5)
ralentir verlangsamen (6)
ramer rudern (5)
ranger aufräumen (44)
râper raspeln (5)
rappeler erinnern (13)
raser rasieren (5)
rassembler versammeln (5)
se rasseoir sich wieder
   hinsetzen (3)
rayer kratzen (51)
réapparaître (+ a/ê)
   wieder erscheinen (49)

reboire wieder trinken (18)
recevoir bekommen (58)
reconnaître erkennen (49)
reconquérir wieder-
   erobern (11)
reconstruire wieder
   aufbauen (21)
recoudre wieder annähen (22)
recourir zurückgreifen (7)
recouvrir bedecken (48)
recréer neu schaffen (24)
récrire wieder schreiben (31)
recruter einstellen (5)
recueillir sammeln (27)
recuire noch mal kochen (21)
récupérer wiederver-
   werten (55)
redire wieder sagen (29)
redouter befürchten (5)
réduire reduzieren (21)
réélire wiederwählen (43)
refaire wieder machen/
   tun (36)
refuser ablehnen (5)
régénérer regenerieren (55)
rejeter zurückweisen (41)
rejoindre einholen (42)
relayer ablösen (51)
relire wieder lesen (43)
remblayer aufschütten (51)
remettre wieder
   zurücklegen (45)
rencontrer treffen (5)
rendormir wieder
   einschlafen (30)
rendre zurückgeben (59)
renoncer verzichten (19)
renouveler erneuern (13)
rentrer (+ a/ê) nach
   Hause gehen (5)
renvoyer zurückschicken (33)

répandre ausbreiten/
   verbreiten (16)/(59)
reparaître (+ a/ê) wieder
   erscheinen (49)
repartir weitergehen (50)
répartir verteilen (6)
repeindre neu streichen (15)
répéter wiederholen (55)
répondre antworten (16)/(59)
reprendre wieder
   nehmen (56)
requérir bitten/ersuchen (11)
résoudre lösen (60)
ressentir (+ a) spüren (50)
resservir wieder dienen (62)
restreindre einschränken (15)
retenir (+ a) zurückhalten (67)
retourner (+ a/ê) um-
   drehen/zurückgehen (5)
réunir versammeln (6)
revenir zurückkommen (67)
revivre wieder leben (68)
revoir wiedersehen (69)
rire lachen (61)
rompre brechen (8)
ronfler schnarchen (5)
rouvrir wieder aufmachen (48)
rudoyer brutal umgehen (32)
rugir brüllen (6)
ruiner ruinieren (5)
ruisseler rieseln (13)
ruser List anwenden (5)

S
sacrifier opfern (5)
saisir ergreifen (6)
saler salzen (5)
salir verschmutzen (6)
saluer begrüßen (5)
satisfaire zufrieden-
   stellen (36)

Alphabetische Verbliste

sauter *springen* (5)
sauver *retten* (5)
savoir *wissen* (9)
sculpter *schnitzen* (5)
sécher *trocknen* (55)
secouer *schütteln* (5)
secourir *zu Hilfe kommen* (7)
séduire *verführen* (21)
sélectionner *auswählen* (5)
semer *säen* (10)
sentir (+ a) *fühlen/*
  riechen (50)
serrer *drücken* (5)
servir *(be)dienen* (62)
signaler *melden* (5)
signer *unterschreiben* (5)
soigner *pflegen* (5)
sonner *klingeln* (5)
sortir (+ a/ê) *hinaus-*
  gehen (50)
souffler *blasen* (5)
souffrir *leiden* (48)
soulever *hochheben* (10)
soumettre *unterwerfen/*
  unterbreiten (45)
sourire *lächeln* (61)
souscrire *unterschreiben* (31)
soustraire *abziehen* (35)
soutenir (+ a) *unterstützen* (67)
se souvenir *sich erinnern* (67)
submerger *überfluten* (44)
subvenir (+ a) *für etw.*
  aufkommen (67)
sucrer *zuckern* (5)
suffire *genügen* (63)
suivre *folgen* (64)
suppléer *vertreten* (24)

supposer *annehmen* (5)
supprimer *beseitigen* (5)
se surmener *sich über-*
  beanspruchen (10)
surprendre *überraschen* (56)
surveiller *überwachen* (5)
survenir *ereignen* (67)
survivre *überleben* (68)

T

tailler *spitzen* (5)
taire *schweigen* (52)
taper *schlagen* (5)
teindre *färben* (15)
téléphoner *anrufen* (5)
tendre *spannen* (16)/(59)
tenir *halten* (67)
terminer *beenden* (5)
tomber (+ a/ê) *fallen* (5)
tondre *scheren/*
  mähen (16)/(59)
tordre *verbiegen* (16)/(59)
torturer *foltern* (5)
tourner *drehen* (5)
tousser *husten* (5)
tracer *zeichnen* (19)
traduire *übersetzen* (21)
trahir *verraten* (6)
traire *melken* (35)
transcrire *abschreiben* (31)
transmettre *vermitteln* (45)
travailler *arbeiten* (5)
trembler *zittern* (5)
tressaillir *zusammen-*
  zucken (14)
trier *sortieren* (5)
triompher *siegen* (5)
tromper *betrügen* (5)

trôner *thronen* (5)
troubler *verwirren* (5)
trouer *ein Loch machen* (5)
trouver *finden* (5)
tuer *töten* (5)
tutoyer *duzen* (32)

U

ulcérer *tief kränken* (55)
unir *vereinigen* (6)
utiliser *benutzen* (5)

V

vaincre *besiegen* (65)
valoir *wert sein* (66)
valoriser *aufwerten* (5)
vendanger *Trauben*
  lesen/ernten (44)
vendre *verkaufen* (16)/(59)
venir *kommen* (67)
verser *eingießen* (5)
vibrer *vibrieren* (5)
vidanger *entleeren* (44)
vider *leeren* (5)
vieillir *alt werden* (6)
viser *zielen* (5)
visiter *besichtigen* (5)
visser *festschrauben* (5)
vivre *leben* (68)
vociférer *brüllen* (55)
voir *sehen* (69)
voler *fliegen* (5)
voltiger *herumfliegen* (44)
vomir *erbrechen* (6)
voter *abstimmen* (5)
vouloir *wollen* (70)
vouvoyer *siezen* (32)
voyager *reisen* (44)

185

Alphabetische Verbliste Deutsch – Französisch

Hier haben wir für Sie die wichtigsten deutschen Verben mit den entsprechenden französischen Übersetzungen alphabetisch aufgelistet. Auch hier steht die rechts angeführte Nummer für die Konjugationsnummer, also das Muster, nach dem das entsprechende französische Verb konjugiert wird. Die französischen Entsprechungen der hervorgehobenen deutschen Verben sind als vollständige Konjugationstabellen vorne im Buch abgedruckt.

A

abgrenzen circonscrire (31)
abhängen dépendre (16)/(59)
ablehnen refuser (5)
ablösen relayer (51)
abnehmen maigrir (6)
abnehmen décroître (26)
abräumen desservir (62)
abreißen arracher (5)
abschaffen abolir (6)
abschieben expulser (5)
abschließen conclure (20)
abschreiben transcrire (31)
abstauben épousseter (41)
abstimmen voter (5)
abstrahieren abstraire (35)
abtrennen découdre (22)
abtropfen égoutter (5)
abweichen diverger (44)
abziehen soustraire (35)
ahnen pressentir (+ a) (50)
alt werden vieillir (6)
amüsieren amuser (5)
ändern changer (44)
angeben indiquer (5)
angelaufen kommen
   accourir (+ a/ê) (7)
angreifen attaquer (5)
angreifen assaillir (14)
ankommen arriver (5)
ankündigen annoncer (19)

anmelden inscrire (31)
annehmen supposer (5)
anrufen téléphoner (5)
anspannen atteler (13)
antworten
   répondre (16)/(59)
anwenden appliquer (5)
anzeigen dénoncer (19)
anziehen attirer (5)
anziehen habiller (5)
arbeiten travailler (5)
auf-/abmachen défaire (36)
aufblasen gonfler (5)
aufhängen afficher (5)
aufhäufen amonceler (13)
aufheben abroger (44)
aufhellen éclaircir (6)
aufhören arrêter (5)
auflösen dissoudre (60)
aufräumen ranger (44)
aufrechterhalten
   maintenir (+ a) (67)
aufschütten remblayer (51)
aufspringen bondir (6)
auftauen dégeler (10)
aufwerten valoriser (5)
aufzählen énumérer (55)
ausbreiten/verbreiten
   répandre (16)/(59)
ausbreiten/verwenden
   déployer (32)

auseinandernehmen
   disjoindre (42)
ausführen accomplir (6)
ausgeben dépenser (5)
ausschalten éteindre (15)
ausschließen évincer (19)
ausschließen exclure (20)
sich aussetzen encourir (7)
aussprechen prononcer (19)
ausstrahlen émettre (45)
ausstrecken étendre (16)/(59)
auswählen sélectionner (5)
ausziehen déshabiller (5)

B

baden baigner (5)
bahnen frayer (51)
bauen fabriquer (5)
bauen bâtir (6)
bauen construire (21)
bedauern plaindre (23)
bedecken recouvrir (48)
(be)dienen servir (62)
bedrücken oppresser (5)
beeinflussen influencer (19)
beenden terminer (5)
beenden finir (6)
beerdigen enterrer (5)
befehlen ordonner (5)
befehlen enjoindre (42)
befestigen attacher (5)

186

Alphabetische Verbliste

befestigen affermir	(6)
befragen interroger	(44)
befreien affranchir	(6)
befreien libérer	(55)
befreien (Steuer) exonérer	(55)
befürchten redouter	(5)
begehen commettre	(45)
beginnen commencer	(19)
begraben ensevelir	(6)
begrüßen saluer	(5)
behalten garder	(5)
beharren démordre	(16)/(59)
beharren persévérer	(55)
behaupten affirmer	(5)
beherbergen héberger	(44)
Beifall klatschen	
applaudir	(6)
beinahe tun faillir	(37)
beißen mordre	(16)/(59)
beitragen concourir	(7)
bekämpfen combattre	(17)
bekommen recevoir	(58)
beleben animer	(5)
bellen aboyer	(32)
bemerken apercevoir	(58)
benutzen utiliser	(5)
beraten conseiller	(5)
beruhigen calmer	(5)
beschäftigen/verwenden	
employer	(32)
beschimpfen insulter	(5)
beschleunigen accélérer	(55)
beschneiden circoncire	(63)
beschreiben dépeindre	(15)
beschreiben décrire	(31)
beschuldigen inculper	(5)
beseitigen supprimer	(5)
besichtigen visiter	(5)
besiegen vaincre	(65)
besitzen détenir (+ a)	(67)
besprechen discuter	(5)

bestätigen confirmer	(5)
bestechen corrompre	(8)
bestellen/befehlen	
commander	(5)
bestreichen enduire	(21)
betrachten considérer	(55)
betrügen tromper	(5)
beugen incliner	(5)
beurteilen condamner	(5)
bewaffnen armer	(5)
bewegen bouger	(44)
bewilligen agréer	(24)
bezahlen payer	(51)
bitten/ersuchen requérir	(11)
blasen souffler	(5)
braten frire	(63)
brechen casser	(5)
brechen rompre	(8)
brüllen rugir	(6)
brüllen vociférer	(55)
brutal umgehen rudoyer	(32)
buchstabieren épeler	(13)
bürsten brosser	(5)

D

dauern durer	(5)
decken couvrir	(48)
definieren définir	(6)
degenerieren dégénérer	(55)
delegieren déléguer	(55)
denken penser	(5)
diskutieren débattre	(17)
drehen tourner	(5)
drucken imprimer	(5)
drücken serrer	(5)
drücken appuyer	(34)
durchblättern feuilleter	(41)
durcheinanderbringen	
perturber	(5)
durchlaufen parcourir	(7)
durchsetzen imposer	(5)
duzen tutoyer	(32)

E

ein Loch machen trouer	(5)
einatmen inhaler	(5)
eindösen s'assoupir	(6)
eindringen pénétrer	(55)
einebnen niveler	(13)
einen Spalt aufmachen	
entrouvrir	(48)
einführen instaurer	(5)
einführen/einleiten	
introduire	(21)
eingießen verser	(5)
eingreifen intervenir	(67)
einholen rejoindre	(42)
einladen inviter	(5)
einprägen empreindre	(15)
einrichten installer	(5)
einrichten arranger	(44)
einschalten allumer	(5)
einschlafen endormir	(30)
einschließen inclure	(20)
einschränken restreindre	(15)
einsehen admettre	(45)
einsperren enfermer	(5)
einstellen recruter	(5)
eintreten entrer (+ a/ê)	(5)
empfangen accueillir	(27)
entdecken découvrir	(48)
enteignen déposséder	(55)
sich entfalten s'épanouir	(6)
entfärben déteindre	(15)
entfernen enlever	(10)
enthalten contenir (+ a)	(67)
enthüllen déceler	(10)
entleeren vidanger	(44)
entmutigen décourager	(44)
entrahmen écrémer	(55)
entschädigen indemniser	(5)
entschädigen	
dédommager	(44)
entscheiden décider	(5)

187

Alphabetische Verbliste

entschuldigen excuser (5)
entspannen détendre (16)/(59)
entsprechen équivaloir (66)
enttäuschen décevoir (58)
erbrechen vomir (6)
ereignen survenir (67)
ergänzen compléter (55)
ergreifen saisir (6)
erhalten obtenir (+ a) (67)
erinnern rappeler (13)
sich erinnern se souvenir (67)
erkennen reconnaître (49)
erkunden explorer (5)
sich erkundigen
   s'enquérir (11)
erlauben permettre (45)
ermorden assassiner (5)
ermutigen encourager (44)
ernähren nourrir (6)
erneuern renouveler (13)
erobern conquérir (11)
erreichen atteindre (15)
erscheinen
   apparaître (+ ê) (49)
erscheinen comparaître (49)
erschrecken effrayer (51)
erstarren figer (44)
erstaunen étonner (5)
erwähnen citer (5)
erwerben acquérir (11)
erzählen raconter (5)
erzeugen/herstellen
   produire (21)
erziehen/errichten élever (10)
essen manger (44)
explodieren exploser (5)
exportieren exporter (5)

F
fallen tomber (+ a/ê) (5)
fällen/töten abattre (17)

fälschen contrefaire (36)
fangen attraper (5)
färben teindre (15)
fasten jeûner (5)
feiern célébrer (55)
festschrauben visser (5)
finanzieren financer (19)
finden trouver (5)
fischen pêcher (5)
flach machen aplatir (6)
fliegen voler (5)
fliehen fuir (39)
fliehen s'enfuir (39)
fließen couler (5)
flüchtig sehen entrevoir (69)
folgen suivre (64)
folgern/abziehen
   déduire (21)
foltern torturer (5)
fordern exiger (44)
fragen demander (5)
Fragen stellen
   questionner (5)
freilegen déblayer (51)
frieren geler (10)
frisieren coiffer (5)
fühlen/riechen sentir (+ a) (50)
führen guider (5)
führen mener (10)
führen (zu) aboutir (6)
füllen farcir (6)
funkeln étinceler (13)
für etw. aufkommen
   subvenir (+ a) (67)
fürchten craindre (23)

G
gackern caqueter (41)
gähnen bailler (5)
geben donner (5)
geboren werden naître (47)
gedulden patienter (5)

gefährden/schaden
   compromettre (45)
gefallen plaire (52)
Gefallen finden se
   complaire (52)
gegenüberlegen/
   -setzen opposer (5)
gehen aller (12)
gehorchen obéir (6)
gehören appartenir (+ a) (67)
gelangen accéder (55)
gelangen parvenir (67)
genießen jouir (6)
genügen suffire (63)
gewähren octroyer (32)
gewinnen gagner (5)
gießen arroser (5)
glänzen briller (5)
glauben croire (25)
graben creuser (5)
größer werden grandir (6)
gründen fonder (5)

H
haben avoir (1)
häkeln crocheter (10)
halten tenir (67)
hämmern marteler (10)
handeln agir (6)
hängen pendre (16)/(59)
hart machen durcir (6)
hassen détester (5)
hassen haïr (40)
heben lever (10)
heiraten épouser (5)
heiraten se marier (5)
heizen chauffer (5)
helfen aider (5)
herausholen/gewinnen
   extraire (35)
herumfliegen voltiger (44)
herumschnüffeln fureter (10)

188

Alphabetische Verbliste

herumtollen s'ébattre ⑰

heruntergehen
   descendre (+ a/ê) ⑯/㊴

herunterklappen rabattre ⑰

heucheln/so tun als ob
   feindre ⑮

hinaufsteigen monter
   (+ a/ê) ⑤

hinausgehen sortir (+ a/ê) ㊿

sich hinsetzen s'asseoir ③

hinzufügen ajouter ⑤

hinzufügen adjoindre ㊷

hochheben soulever ⑩

hoffen espérer ㊵

hören entendre ⑯/㊴

hupen klaxonner ⑤

husten tousser ⑤

Ⅰ

iahen braire ㉟

in die Hocke gehen
   s'accroupir ⑥

ins Bett gehen se coucher ⑤

integrieren intégrer ㊵

interessieren intéresser ⑤

Ⅰ

jagen chasser ⑤

Ⓚ

kämpfen lutter ⑤

kapieren piger ㊹

kaufen acheter ⑩

kehren balayer �51

kennen connaître ㊾

kleben coller ⑤

klettern gravir ⑥

klingeln sonner ⑤

kneifen pincer ⑲

knien s'agenouiller ⑤

knoten nouer ⑤

kochen cuire ㉑

kommen venir ㊲

kommen (aus) provenir ㊲

können pouvoir �54

kosten coûter ⑤

kratzen gratter ⑤

kratzen rayer �51

kreuzen croiser ⑤

küssen embrasser ⑤

Ⓛ

lächeln sourire �61

lachen rire �61

laden charger ㊹

landen atterrir ⑥

langweilen ennuyer ㉞

eine lange Rede halten
   discourir ⑦

lassen laisser ⑤

lästern médire ㉙

laufen marcher ⑤

laufen courir ⑦

leben exister ⑤

leben vivre ㊽

leeren vider ⑤

legen (Eier) pondre ⑯/㊴

legen/setzen/stellen
   mettre ㊺

leiden souffrir ㊽

lernen apprendre �56

lesen lire ㊸

leuchten luire ㉑

lieben/mögen aimer ⑤

liefern livrer ⑤

liefern fournir ⑥

List anwenden ruser ⑤

lösen résoudre �60

lüften aérer ㊵

lügen mentir (+ a) ㊿

Ⓜ

malen peindre ⑮

melden signaler ⑤

melken traire ㉟

messen mesurer ⑤

mischen mêler ⑤

mischen mélanger ㊹

missfallen déplaire �52

misstrauen abuser ⑤

mit Gewinde versehen
   fileter ⑩

mitbringen amener ⑩

mitnehmen emporter ⑤

mitnehmen emmener ⑩

zu Mittag essen déjeuner ⑤

modellieren modeler ⑩

modernisieren
   moderniser ⑤

muhen mugir ⑥

murren grommeler ⑬

müssen devoir ㉘

Ⓝ

nach Hause gehen
   rentrer (+ a/ê) ⑤

nachahmen imiter ⑤

nachgeben céder ㊵

nähen coudre ㉒

näherkommen approcher ⑤

nehmen prendre �56

neigen pencher ⑤

nennen nommer ⑤

nerven énerver ⑤

neu schaffen recréer ㉔

neu streichen repeindre ⑮

nicht gehorchen
   désobéir ⑥

niesen éternuer ⑤

noch mal kochen recuire ㉑

notieren noter ⑤

nötig sein falloir ㊳

Ⓞ

öffnen ouvrir ㊽

ohnmächtig werden
   s'évanouir ⑥

189

Alphabetische Verbliste

ohnmächtig werden
   défaillir (14)
operieren opérer (55)
opfern sacrifier (5)
organisieren organiser (5)

P

parfümieren parfumer (5)
pflanzen planter (5)
pflegen soigner (5)
pflücken cueillir (27)
planen concevoir (58)
probieren goûter (5)

R

radeln pédaler (5)
rasen foncer (19)
rasieren raser (5)
raspeln râper (5)
rechnen calculer (5)
reduzieren réduire (21)
regenerieren régénérer (55)
regnen pleuvoir (53)
reich werden s'enrichir (6)
reinigen nettoyer (32)
reisen voyager (44)
retten sauver (5)
rieseln ruisseler (13)
rudern ramer (5)
rufen appeler (13)
ruinieren ruiner (5)

S

säen semer (10)
sagen dire (29)
salzen saler (5)
sammeln recueillir (27)
schaden nuire (21)
schaffen créer (24)
schälen peler (10)
schaukeln balancer (19)
schäumen mousser (5)
scheinen paraître (49)

schenken offrir (48)
scheren/mähen
   tondre (16)/(59)
schieben pousser (5)
schielen loucher (5)
schimmern chatoyer (32)
schimpfen gronder (5)
schimpfen maugréer (24)
schlafen dormir (30)
schlagen taper (5)
schlagen battre (17)
schlagen/klopfen
   frapper (5)
schließen fermer (5)
schmelzen fondre (16)/(59)
schmollen bouder (5)
schnarchen ronfler (5)
schnaufen haleter (10)
schneien neiger (44)
schnitzen sculpter (5)
schreiben écrire (31)
schreien hurler (5)
schütteln agiter (5)
schütteln secouer (5)
schwächer werden faiblir (6)
schwanken/wanken
   chanceler (13)
schwätzen bavarder (5)
schweigen taire (52)
schwimmen nager (44)
segnen bénir (6)
sehen voir (69)
sein être (2)
senden envoyer (33)
senken baisser (5)
siegen triompher (5)
siezen vouvoyer (32)
sortieren trier (5)
spannen tendre (16)/(59)
spazieren gehen
   se promener (10)

spielen jouer (5)
spitzen tailler (5)
sprechen parler (5)
sprießen/anbrechen
   poindre (42)
springen sauter (5)
spüren ressentir (+ a) (50)
stechen élancer (19)
stellen placer (19)
sterben mourir (46)
sticken broder (5)
stinken puer (5)
stöhnen geindre (15)
stopfen boucher (5)
stören déranger (44)
stottern bégayer (51)
strafen punir (6)
streicheln caresser (5)
streichen barrer (5)
stützen étayer (51)
suchen chercher (5)

T

tanzen danser (5)
sich täuschen
   se méprendre (56)
teilen partager (44)
teilnehmen participer (5)
thronen trôner (5)
tief bewegen
   bouleverser (5)
tief kränken ulcérer (55)
töten tuer (5)
Trauben lesen/ernten
   vendanger (44)
tragen porter (5)
treffen rencontrer (5)
treiben (zu) induire (21)
trinken boire (18)
trocknen essuyer (34)
trocknen sécher (55)
tun/machen faire (36)

190

Alphabetische Verbliste

U

sich *überbeanspruchen*
se surmener (10)

übereinstimmen
correspondre (16)/(59)

überfallen envahir (6)

überfluten submerger (44)

überleben survivre (68)

überraschen surprendre (56)

überschreiten excéder (55)

übersetzen traduire (21)

überwachen surveiller (5)

überzeugen persuader (5)

überzeugen convaincre (65)

umarmen étreindre (15)

umdrehen/zurückgehen
retourner (+ a/ê) (5)

umschnallen ceindre (15)

umziehen déménager (44)

unterbrechen
interrompre (8)

unterdrücken asservir (6)

unterhalten distraire (35)

unterhalten entretenir
(+ a) (67)

unterlassen omettre (45)

unternehmen
entreprendre (56)

unterrichten instruire (21)

unterschreiben signer (5)

unterschreiben
souscrire (31)

unterstützen soutenir
(+ a) (67)

unterwerfen/unterbreiten
soumettre (45)

V

verändern altérer (55)

verbiegen tordre (16)/(59)

verbieten interdire (29)

verbieten proscrire (31)

verbinden raccorder (5)

verbinden joindre (42)

verbrennen brûler (5)

verbrennen incinérer (55)

verdienen mériter (5)

verdünnen délayer (51)

vereinbaren con-
venir (+ a) (67)

vereinigen unir (6)

verfolgen poursuivre (64)

verführen séduire (21)

vergeben absoudre (60)

vergittern grillager (44)

vergleichen comparer (5)

verheimlichen celer (10)

verhindern empêcher (5)

verkaufen vendre (16)/(59)

verkennen méconnaître (49)

verklemmen coincer (19)

verlangsamen ralentir (6)

verlassen quitter (5)

verleihen conférer (55)

verletzen blesser (5)

sich verlieben s'éprendre (56)

verlieren perdre (16)/(59)

vermitteln transmettre (45)

verraten trahir (6)

versammeln rassembler (5)

versammeln réunir (6)

verschmutzen polluer (5)

verschmutzen salir (6)

verschreiben prescrire (31)

verschwinden
disparaître (+ a/ê) (49)

versichern assurer (5)

versiegeln cacheter (41)

versprechen promettre (45)

verstecken cacher (5)

verstehen comprendre (56)

verstoßen enfreindre (15)

versuchen essayer (51)

verteidigen défendre (16)/(59)

verteilen répartir (6)

vertraut machen initier (5)

vertreten suppléer (24)

verwirren troubler (5)

verwöhnen choyer (32)

verzaubern ensorceler (13)

verzichten renoncer (19)

verzichten s'abstenir (67)

vibrieren vibrer (5)

vierteilen écarteler (10)

vollenden achever (10)

vom Blitz treffen
foudroyer (32)

vorausgehen devancer (19)

vorbeigehen passer
(+ a/ê) (5)

vorbereiten préparer (5)

vorgestellt werden
être présenté (4)

vorhaben projeter (41)

vorhersagen prédire (29)

vorhersehen présager (44)

vorhersehen prévoir (57)

vorstellen avancer (19)

sich vorstellen imaginer (5)

vorziehen préférer (55)

W

wachsen croître (26)

wagen oser (5)

wählen choisir (6)

wählen élire (43)

wahrnehmen percevoir (58)

warnen avertir (6)

warnen prévenir (+ a) (67)

warten attendre (16)

waschen laver (5)

weggehen partir (50)

weitergehen repartir (50)

weitermachen continuer (5)

werden devenir (67)

191

Alphabetische Verbliste

werfen lancer	(19)
werfen jeter	(41)
wert sein valoir	(66)
widersprechen	
contredire	(29)
widmen consacrer	(5)
wieder annähen	
recoudre	(22)
wieder aufbauen	
reconstruire	(21)
wieder aufmachen	
rouvrir	(48)
wieder dienen resservir	(62)
wieder einschlafen	
rendormir	(30)
wiedererobern	
reconquérir	(11)
wieder erscheinen	
reparaître (+ a/ê)	(49)
wieder erscheinen	
réapparaître (+ a/ê)	(49)
sich wieder hinsetzen	
se rasseoir	(3)
wiederholen répéter	(55)
wieder leben revivre	(68)
wieder lesen relire	(43)
wieder machen/tun	
refaire	(36)
wieder nehmen	
reprendre	(56)
wieder sagen redire	(29)

wieder schreiben récrire	(31)
wiedersehen revoir	(69)
wieder trinken reboire	(18)
wiederverwerten	
récupérer	(55)
wiederwählen réélire	(43)
wieder zurücklegen	
remettre	(45)
wiegen peser	(10)
wiegen bercer	(19)
wissen savoir	(9)
wohnen habiter	(5)
wohnen/unterbringen	
loger	(44)
wollen vouloir	(70)

Z

zählen compter	(5)
zeichnen dessiner	(5)
zeichnen tracer	(19)
zeigen montrer	(5)
zerfetzen déchiqueter	(41)
zerreißen déchirer	(5)
zerschneiden découper	(5)
zerstören anéantir	(6)
zerstören détruire	(21)
zeugen procréer	(24)
zielen viser	(5)
ziselieren ciseler	(10)
zittern trembler	(5)
zu Abend essen dîner	(5)

zu Hilfe kommen secourir	(7)
zuckern sucrer	(5)
zufriedenstellen	
satisfaire	(36)
zugeben avouer	(5)
zuhören écouter	(5)
zunehmen grossir	(6)
zunehmen accroître	(26)
zur Post bringen poster	(5)
zurückgeben rendre	(59)
zurückgreifen recourir	(7)
zurückhalten retenir (+ a)	(67)
zurückkaufen racheter	(10)
zurückkommen revenir	(67)
zurückschicken renvoyer	(33)
zurückweisen rejeter	(41)
zusammenfügen jumeler	(13)
zusammenlaufen	
converger	(44)
zusammenstellen	
assembler	(5)
zusammenzucken	
tressaillir	(14)
zuschnüren ficeler	(13)
zustimmen approuver	(5)
zustimmen con-	
sentir (+ a)	(50)
zwingen astreindre	(15)
zwingen forcer	(19)
zwingen contraindre	(23)
zwingen obliger	(44)